La Guerra del 47
y la resistencia popular
a la ocupación

Gilberto López y Rivas (México, 1943), antropólogo, ensayista y político mexicano, es profesor-investigador del Instituto Nacional de Antropología e Historia, doctor en Antropología por la Universidad de Utah, de los Estados Unidos, maestro en Ciencias Antropológicas por la Universidad Nacional Autónoma de México (UNAM) y la Escuela Nacional de Antropología e Historia (ENAH), miembro del Sistema Nacional de Investigadores (SNI), e investigador titular del Centro Regional INAH-Morelos, en Cuernavaca. Ha tenido una activa vida política, en la cual se destacan su participación en el movimiento estudiantil de 1968 y su elección como Jefe del Gobierno del Distrito Federal en la Delegación Tlalpan, en el período 2000-2003. Integró la Comisión de Concordia y Pacificación (Cocopa) y se ha desempeñado como diputado federal de la LIV y LVII Legislaturas del Congreso de la Unión. En 1987 se le otorgó la Medalla Roque Dalton. Participó en la Cruzada Nacional de Alfabetización (1980) y asesoró al Gobierno de Nicaragua en Cuestión Indígena y Autonomía de 1980 a 1990. Ha sido consejero del Ejército Zapatista de Liberación Nacional (EZLN) durante las Mesas de Derechos y Cultura Indígena, Democracia y Justicia.

Es articulista de *La Jornada* y ha publicado numerosos trabajos en periódicos y revistas especializadas. Entre sus libros se encuentran *Los chicanos: una minoría nacional explotada* (1971), *La Guerra del 47 y la resistencia popular a la ocupación* (1976), *Nicaragua: autonomía y revolución* (1986), *Por los caminos del internacionalismo* (1987), *El debate de la nación, cuestión nacional, racismo y autonomía* (1992), *Primo Tapia de la Cruz: un hijo del pueblo* (1993), *Nación y pueblos indios en el neoliberalismo* (1995), *Antropología, minorías étnicas y cuestión nacional* (1998), *Las Fuerzas Armadas Mexicanas a finales del milenio: los militares en la coyuntura actual* (1999), *Autonomías: democracia o contrainsurgencia* (2004), *Autonomías multiculturales en América Latina: nuevas formas de convivencia política* (editor, 2005) y *El universo autonómico: propuesta para una nueva democracia* (editor, 2008).

La Guerra del 47 y la resistencia popular a la ocupación

Gilberto López y Rivas

ocean
sur

una editorial latinoamericana

ISBN: 978-1-921438-15-8
Library of Congress Control Number: 2008926235

Cuarta edición, 2009
Impreso en México por QuebecorWorld S.A., Querétaro

PUBLICADO POR OCEAN SUR
OCEAN SUR ES UN PROYECTO DE OCEAN PRESS
México: Juan de la Barrera N. 9, Col. Condesa, Del. Cuauhtémoc, CP 06140, México D.F.
               E-mail: mexico@oceansur.com ▪ Tel: (52) 5553 5512
EE.UU.:   E-mail: info@oceansur.com
Cuba: E-mail: lahabana@oceansur.com
El Salvador: E-mail: elsalvador@oceansur.com
Venezuela: E-mail: venezuela@oceansur.com

DISTRIBUIDORES DE OCEAN SUR
Argentina: Cartago Ediciones S.A. ▪ Tel: 011-4304-8961 ▪ E-mail: info@cartago-ediciones.com.ar
Australia: Ocean Press ▪ Tel: (03) 9326 4280 ▪ E-mail: info@oceanbooks.com.au
Bolivia: Ocean Sur Bolivia ▪ E-mail: bolivia@oceansur.com
Chile: Editorial "La Vida es Hoy" ▪ Tel: 2221612 ▪ E-mail: lavidaeshoy.chile@gmail.com
Colombia: Ediciones Izquierda Viva ▪ Tel/Fax: 2855586 ▪ E-mail: ediciones@izquierdaviva.com
Cuba: Ocean Sur ▪ E-mail: lahabana@oceansur.com
Ecuador: Libri Mundi S.A. ▪ Tel: 593-2 224 2696 ▪ E-mail: ext_comercio@librimundi.com.ec
EE.UU. y Canadá: CBSD ▪ Tel: 1-800-283-3572 ▪ www.cbsd.com
El Salvador y Centroamérica: Editorial Morazán ▪ E-mail: editorialmorazan@hotmail.com
Gran Bretaña y Europa: Turnaround Publisher Services ▪ E-mail: orders@turnaround-uk.com
México: Ocean Sur ▪ Tel: 5553 5512 ▪ E-mail: mexico@oceansur.com
Perú: Ocean Sur-Perú distribuidor ▪ Tel: 330-7122 ▪ E-mail: oceansurperu@gmail.com
Puerto Rico: Libros el Navegante ▪ Tel: 78 7342 7468 ▪ E-mail: libnavegante@yahoo.com
Venezuela: Ocean Sur ▪ E-mail: venezuela@oceansur.com

www.oceansur.com
www.oceanbooks.com.au

Índice

Prólogo

La Guerra del 47 y la resistencia popular a la ocupación es resultado de
una investigación que, originalmente, constituyó una tesis de doc-
torado con el título de *Conquista y Resistencia: los orígenes de la minoría nacional chicana en el siglo XIX, una perspectiva marxista.* Se publicó en México por la editorial Nuestro Tiempo en 1976, mientras
que la segunda edición vio la luz dos años más tarde, ambas se
agotaron rápidamente. En el año 2006, la editorial cubana Ciencias
Sociales publicó una tercera edición por la pertinencia del tema y
como una propuesta que, desde el pasado, incita a la reflexión del
lector acerca de la actual política guerrerista estadounidense.

La obra —ahora publicada por la editorial Ocean Sur—, pese al
tiempo transcurrido, sigue vigente, pues subsiste la causa esencial
que llevó a su elaboración: la necesidad de fortalecer la memoria
histórica de los pueblos de Nuestra América para defenderse de
su enemigo crónico: el imperialismo norteamericano. Conocer los
sucesos y las condiciones de la guerra de conquista emprendida
por los Estados Unidos contra la joven República Mexicana en
1846 —conocida en ese país como The Mexican War y en México
como la Guerra del 47—, resulta obligatorio para quien desee conocer el desarrollo de ideologías etnocéntricas y racistas —como
la del Destino Manifiesto y la llamada Doctrina Monroe—, que
sustentan la supuesta tarea democratizadora y libertadora de los
Estados Unidos en el ámbito mundial, mediante de la imposición
a otros pueblos, considerados inferiores y atrasados, de su «misión
civilizadora».

También vigente está la pretensión de lanzar a nuestros países a la esfera del dominio directo de los Estados Unidos. México en particular es considerado de vital importancia para la seguridad interior estadounidense. Por ello, la estrategia de *conflicto o guerra de baja intensidad*, adoptada por el Pentágono después de la guerra de Vietnam, transforma las estrategias bélicas y los modelos de intervención de las potencias, y a largo plazo, significa cambios importantes en la relación de los Estados Unidos con las naciones de su periferia, en particular con México. El origen de esos cambios surge de la conjugación de dos elementos: el planteamiento de *posguerra fría*, que ubicaría a nuestro país, en un mayor grado, en la órbita de la seguridad imperial de Washington; y una transformación muy importante de la actitud de la alta oficialidad de las fuerzas armadas mexicanas con respecto a los Estados Unidos, que va de una profunda desconfianza e incluso xenofobia, a una percepción favorable del ejército y el país del norte.

Los intentos de los Estados Unidos para reformular sus relaciones con México datan de 1989 y tienen una conexión directa con la comprensión, que tienen las élites políticas y militares estadounidenses del Tratado de Libre Comercio (TLC, o NAFTA, por sus siglas en inglés). El TLC nunca se ciñó solamente a lo comercial. Esto es, los Estados Unidos consideran este Tratado como un asunto de seguridad nacional y, en consecuencia, bregan por alcanzar una integración militar a la que han denominado de las más diversas formas, a saber, *régimen de seguridad, alianza estratégica,* o bien, *brazo armado multinacional*.

Con el presidente Ernesto Zedillo se va profundizando la dependencia militar de México con los Estados Unidos. De hecho, el Programa de Desarrollo del Ejército y la Fuerza Aérea Mexicanos es una demostración de cómo los presidentes mexicanos han adoptado las pautas impuestas por los militares estadounidenses desde 1993. En estas imposiciones se ven incluidos varios conceptos de los manuales de guerra estadounidenses como son los llamados a construir «el ejército del siglo XXI», basado en comandos altamente tecnificados, la relevancia de la inteligencia militar, las fuerzas especiales, entre otras cosas.

Con Vicente Fox, y ahora con el presidente espurio, Felipe Calderón, este proceso de integración militar de México a los Estados Unidos se ha profundizado aún más. Las reuniones que las cúpulas militares mexicanas han tenido con las estadounidenses, en la dirección de conformar el Comando del Norte con las fuerzas armadas de los tres países del hemisferio norte (Canadá, los Estados Unidos y México), y la claudicación de los militares mexicanos, puede ser un hecho que, de consumarse en los próximos años, cuestione incluso la viabilidad de México como nación independiente.

Estos procesos de «modernización» en materia de defensa pretenden, asimismo, mejorar la imagen de las Fuerzas Armadas Mexicanas, y restañar particularmente la del Ejército en Chiapas y en otros estados del país, muy castigada por las violaciones sistemáticas a los derechos humanos de las comunidades indígenas zapatistas y de la población de otras comunidades y zonas urbanas. Sobre todo porque el gobierno de los Estados Unidos ha hecho de la promoción de los derechos humanos y de la democracia formal una bandera para encubrir sus intentos hegemónicos. Es entonces, cuando mueve a reflexión si la democracia —de acuerdo con la concepción estadounidense— no es un nuevo totalitarismo. Cuando los pueblos encuentran formas novedosas de democracia participativa, como lo hacen los Municipios Autónomos y las Juntas de Buen Gobierno zapatistas, por ejemplo, parecen transgredir esta idea de democracia que ha devenido en una teleología del capitalismo.

En esta dirección, se pretende poner las fuerzas armadas al servicio de esa «democracia», como se transparenta en la tesis del «alargamiento» que propugna Anthony Lake, ex director del Consejo de Seguridad Nacional de la Casa Blanca, que no es otra cosa que la extensión de los sistemas democráticos vinculados a las economías de mercado por la vía del cambio de las misiones y características de las fuerzas armadas nacionales.

Esta nueva estrategia imperial data de 1987, ocasión en que el subsecretario de Estado para asuntos interamericanos, Elliot Abrams, impulsa en la región del norte del continente el Proyecto Democracia, que pretende sustituir la «Doctrina de la Seguridad Nacional» por una nueva de «estabilidad nacional», la cual plantea un cambio significativo en las fuerzas armadas locales: de custodias de la soberanía nacional (según la Constitución mexicana) a agentes de disuasión y control internos.

Para el caso de México, se va sustituyendo la idea de soberanía nacional, tan arraigada en sectores de las Fuerzas Armadas Mexicanas, por un sistema de defensa hemisférico. Así, desde los prolegómenos de la firma del TLC se da un cambio de relación en materia de seguridad entre México y los Estados Unidos, que daría pie a la aplicación sistemática de tácticas y estrategias de contrainsurgencia o guerra de desgaste, para cuando el levantamiento zapatista estalla en 1994.

En suma, contrainsurgencia y dependencia militar con respecto a los Estados Unidos son las dos facetas de un mismo fenómeno. En la medida que se acentúa el papel represivo de las fuerzas armadas, especialmente a partir de la llegada al poder de Felipe Calderón (2006), se acrecienta la subordinación de la élite militar mexicana a los planes estratégicos del imperio norteamericano.

El grupo gobernante mexicano ha establecido las condiciones óptimas para el saqueo, la expoliación y explotación de nuestros recursos estratégicos (petróleo, gas natural y electricidad), fuerza de trabajo, recursos naturales (agua, minerales y biodiversidad), infraestructura de comunicaciones y transporte, transferencia de excedentes, llevado a cabo por los organismos financieros y las corporaciones transnacionales radicados en los Estados Unidos, procesos que de forma excelente analiza John Saxe Fernández en su libro *La compra-venta de México*.[1] Asimismo, pese a los peligros evidentes para la población civil mexicana, a espaldas de la ciudadanía y sin consultar al Congreso de la Unión, Vicente Fox firmó la declaración conjunta México-Canadá-Estados Unidos denominada Alianza para la Seguridad y la Prosperidad de América del Norte (ASPAN). En el contexto de esta «alianza», se acordaron entre los tres países, más de 300 regulaciones sobre comercio, carreteras y pasos transfronterizos que incluyen medidas de seguridad que afectan la vida, la libertad y los derechos humanos de los mexicanos, así como el ejercicio efectivo de nuestra soberanía. ASPAN significa, en los hechos, que México se somete a las exigencias de seguridad nacional de los Estados Unidos y de su estrategia de «lucha contra el terrorismo». A través de las iniciativas pactadas, se desarrollan instrumentos estándares y procesos compatibles para el monitoreo de viajeros antes de la salida de un puerto extranjero y en el primer puerto de entrada a América del Norte. Con este procedimiento, se produce una clasificación de los viajeros en *confiables, sospechosos* y *de alto riesgo*, lo cual implica que nuestro país adopte los criterios estadounidenses de criminalización de las ideologías políticas, apariencias raciales, culturales y orígenes étnicos y nacionales, que han desembocado en innumerables casos de detenciones ilegales, vejaciones, tratos discriminatorios, interrogatorios humillantes y violación sistemática de los derechos humanos. El fichaje de millones de personas por haber pertenecido o pertenecer a organizaciones comunistas, antiimperialistas, de oposición o por haber viajado a los otrora países socialistas ha hecho legendario el *vía crucis* de transitar por territorio de los Estados Unidos.

La iniciativa de ASPAN incluye también desarrollar e instrumentar medidas de seguridad migratoria compatibles para mejorar la seguridad de América del Norte, que incluyen requerimientos para admisión y tiempos de estancia; estándares de política de visados; estándares de vigilancia; y examinar la factibilidad de sistemas de procedimientos de entrada y salida. Dentro de los «eventos determinantes» para «instrumentar» estas medidas de seguridad se destaca coordinar el despliegue de oficiales de Canadá y de los Estados Unidos en el extranjero para mejorar esfuerzos en el combate de orientaciones de migración ilegal destinados a América del Norte, en 21 meses; esto es, apadrinar las políticas migratorias estadounidenses y hacer de las autoridades mexicanas una filial de la «migra» de los Estados Unidos, subordinadas a los «oficiales extranjeros», que actuarían en territorio nacional.

El ASPAN también incluye una estrecha cooperación en el terreno de la inteligencia, cuya iniciativa establece mejorar nuestras capacidades para combatir el terrorismo mediante el intercambio apropiado de listas de terroristas (*terrorist watchlist*) y el establecimiento de vínculos entre las autoridades de Canadá, los Estados Unidos y México; es parte de los «eventos determinantes» el que los tres países negocien acuerdos de intercambio bilateral de información de monitoreo a terroristas. El caso del terrorista de origen cubano Posada Carriles, en su paso por México, sin que aparentemente fuera detectado por los servicios de inteligencia de los Estados Unidos, ilustra que la «lista de terroristas» y su monitoreo no siempre toma en cuenta a los que actúan al servicio del gobierno de los Estados Unidos, los cuales pueden ingresar sin ser molestados al territorio de ese país, ser declarados inocentes por sus jueces venales, e incluso, vivir tranquilos su vejez en Miami bajo la protección de sus autoridades. También, durante estos años de «lucha contra el terrorismo» se ha observado que los Estados Unidos aplican el término de «terrorista» a cualquier persona que no se pliega a sus dictados de dominación mundial, y llevan a cabo secuestros, interrogatorios, detenciones y juicios sumarios en países extranjeros, por lo que resulta a todas luces peligrosa la aceptación por parte de México —que siempre ha sido tierra de asilo de luchadores antifascistas, revolucionarios y perseguidos políticos—, de los discernimientos de identificación política o criminal manejados por el exponente máximo del terrorismo global de Estado. ASPAN y las acciones que esta alianza conlleva debieran motivar el escrutinio, al menos, del Congreso de la Unión, los partidos que lo integran, la Comisión Nacional de Derechos Humanos y los medios de comunicación, que miran para otro lado mientras los herederos de Santa Anna integran a México a «América del Norte».

Existen otras razones para esta cuarta edición de *La Guerra del 47...*, y una de ellas tiene que ver con el discurso de la izquierda latinoamericana al hacer una distinción en la lucha antiimperialista entre el pueblo estadounidense y su gobierno genocida. Lejos de estimular el odio fundamentalista hacia todo lo que provenga de los Estados Unidos, se exaltan las cualidades democráticas que hicieron famoso al «hombre de la calle», que con una constitución en la mano proclamaba a los cuatro vientos los ideales de igualdad para todos en «la tierra de oportunidades» que para muchos emigrantes ha sido el «Coloso del Norte».

Cómo negar la influencia que para millones de personas ha significado el «modo de vida americano», su música, literatura, cinematografía, tecnología, sus múltiples patrones culturales adoptados en el ámbito planetario. El poder de atracción que los Estados Unidos han ejercido sobre las masas empobrecidas y perseguidas, particularmente de Europa, se hizo notar significativamente en los siglos XIX y XX, cuando millones de refugiados cruzaron el Atlántico en pos de una vida mejor. No sería menor la presencia de emigrantes provenientes de Asia y América Latina que buscan, aún hoy, las condiciones elementales de sobrevivencia que no ofrecen sus respectivos países.

Con todo, lejos han estado los sucesivos gobiernos de la Unión Americana desde su fundación en el siglo XVIII, de hacer realidad ese ideal de democracia e igualitarismo que enarbolaron sus padres fundadores. Guerras de conquista, exterminio de pueblos indígenas, esclavitud, linchamiento, racismo, incorporación de territorios de los poderes coloniales en decadencia y ocupaciones neocoloniales marcan la historia de la formación de los Estados Unidos como nación. Claro que no hay que perder de vista el «otro lado» de esta historia: la de los rebeldes, opositores, intelectuales pacifistas, los héroes anónimos del movimiento obrero sindicalista, los activistas antisegregacionistas y en favor de los derechos civiles, las mujeres que pagaron con cárcel y represión por lograr el derecho al voto, los internacionalistas de la Brigada Lincoln en la guerra de España, los resistentes contra la guerra de Vietnam y ahora contra la de Irak. Minorías de iconoclastas que rompen con la ideología de racismo, intolerancia política, sexismo y estrategias imperialistas promovidas por las clases dominantes del Estados Unidos blanco, anglosajón y protestante (WASP).[2]

País de paradojas, provoca que la admiración concitada a nivel mundial solo sea comparable con el odio inducido por la estela de muerte y destrucción que para muchos pueblos ha significado la intervención de los Estados Unidos en sus respectivos países. Particularmente en lo que respecta a América Latina, los «bárbaros del norte» ocuparon, intervinieron o atacaron militarmente a México (no solo en el siglo XIX), Cuba, Puerto Rico, Nicaragua, Guatemala, El Salvador, Panamá, Granada, República Dominicana, Haití —entre otros— y coadyuvaron y apoyaron cruentos golpes de Estado y sangrientas dictaduras militares en casi todos los países de Centroamérica y el Cono Sur, ganándose los *yanquis* con creces el calificativo, que fue excluido del himno del Frente Sandinista de Liberación Nacional, de «enemigos de la humanidad».

Las preguntas que surgen son: ¿hasta qué punto son responsables los pueblos de las acciones de sus gobiernos? ¿Es posible exentar de todo yerro a los millones de personas que conscientes o por omisión apoyan una política expansionista, colonial, neocolonial o imperialista llevada a cabo por gobiernos supuestamente electos de manera democrática? En los crímenes de Hitler y el grupo gobernante del régimen nazi contra la humanidad, ¿son inocentes, de complicidad al menos, los millones de alemanes que apoyaron pasiva o activamente al fascismo y formaban parte de su maquinaria infernal? En las actuales guerras neocoloniales en las que se masacra diariamente a los pueblos de Irak y Afganistán, supuestamente en nombre de la democracia y la «lucha contra el terrorismo», ¿qué piensan los padres, las madres, las jóvenes esposas? ¿Solo cuando el número de muertos y heridos del ejército de los Estados Unidos comienza a incrementarse, se hace conciencia de los significados de la guerra y la ocupación de un país extranjero, y eso en una minoría de dolientes? ¿No será que hasta en la muerte hay racismo y que los más de 650 mil asesinados en Irak importan poco para la mayoría del pueblo de la potencia ocupante? ¿La impopularidad creciente de los gobernantes estadounidenses se debe a su ineficacia en la conducción de una guerra de agresión o a la injusticia de la misma? ¿En la época de la comunicación y del Internet, se puede aducir no saber qué ocurre en Guantánamo, en las cárceles de Irak, en las estaciones secretas de detención y tortura de la Agencia Central de Inteligencia en Europa y otros países del mundo? ¿El hombre y la mujer de la calle de cualquier ciudad estadounidense tienen conciencia de la agresión permanente de su gobierno contra el pueblo de Cuba durante más de 45 años? ¿Del apoyo de los Estados Unidos a los Somoza, Castillo Armas, Trujillo, Pérez Jiménez, Duvalier,

Pinochet, Franco y cuanto dictador pro-estadounidense ha existido sobre la tierra en las últimas décadas? ¿Se han preguntado sobre las razones de un sentimiento creciente de antiamericanismo en el mundo entero? ¿Qué piensa la mayoría de los científicos, técnicos, escritores, profesores, estudiantes graduados de sus prestigiadas universidades sobre el papel que están desempeñando los Estados Unidos como los principales promotores del terrorismo global de Estado? ¿Conoce la esencia contestataria de la obra de Chomsky, considerado como el intelectual contemporáneo más influyente a nivel mundial? Si algún día Bush y su grupo son juzgados por crímenes de lesa humanidad, ¿estará el pueblo de los Estados Unidos libre de cualquier responsabilidad?

Sobre todo, cuando entramos a la historia particular de prácticas, que han sido concomitantes a la expansión y consolidación del capitalismo estadounidense, como el linchamiento de personas pertenecientes a las minorías nacionales discriminadas y segregadas en la propia metrópoli imperial. Hace unos años, la agencia de noticias *Reuters* tituló información sobre linchamientos en México de la siguiente manera: «brutal "tradición mexicana" ante falta de justicia». Sin embargo, si su corresponsal hubiera investigado con mayor rigor y profundidad el fenómeno de los linchamientos en el ámbito mundial hubiera encontrado que nuestro país no es el único en el que tiene lugar lo que define la enciclopedia Espasa como «castigar o ejecutar, sin proceso, a un sospechoso o a un reo». Guatemala, Bolivia, Perú, en América Latina, registran un gran número de linchamientos que tendrían que ser analizados en sus respectivos contextos nacionales.

Con todo, la enciclopedia Larousse en lengua francesa refiere a la *ley de Lynch*, como «una especie de procedimiento sumario, "utilizado en Estados Unidos", según el cual una multitud somete, juzga, condena y ejecuta inmediatamente a un criminal». Esta perspectiva coincide con la de James E. Cutler, el primer académico estadounidense que investigó los linchamientos y publicó en 1905 la obra *Lynch Law*, en la que establece que «el linchamiento es una práctica criminal, "peculiar a Estados Unidos"».

De hecho *linchar* y *linchamiento* en castellano proviene de los vocablos ingleses *lynch* y *lynching*, respectivamente, y se refieren, originalmente, a las ejecuciones extrajudiciales que durante la revolución de independencia de los Estados Unidos parecen haber sido popularizadas por el coronel Charles Lynch, terrateniente de Virginia, y se extendieron rápidamente en el siglo XIX como parte esencial del proceso de expansión y conquista de ese país hacia los territorios mexicanos, que es analizado en este libro.

Robert L. Zangrando señala:

> Los opositores a la esclavitud en los años previos a la guerra civil en Estados Unidos, cuatreros, jugadores, y otros «desesperados» en el sur y en el Viejo Oeste fueron blanco de los linchamientos en el siglo XIX. De los años ochenta en adelante, sin embargo, la violencia de la multitud reflejó el desprecio de la América blanca contra varios grupos raciales, étnicos y culturales. Afroamericanos especialmente, y algunas veces nativos americanos, latinos, judíos, inmigrantes asiáticos y europeos recién llegados, sintieron la furia de la muchedumbre... La violencia de la multitud viene a ser la forma doméstica de establecer el dominio blanco.

De mis propias investigaciones en torno a la conquista de las provincias norteñas mexicanas por parte del pujante imperialismo estadounidense —que analizaremos en esta obra— puedo afirmar que se registraron numerosos linchamientos de mexicanos desde 1848 en California, Nuevo México y Texas, así como infinidad de casos de anglos que no fueron juzgados por asesinar indios, negros o mexicanos.

No obstante, como destacó el conocido pensador marxista afroamericano Oliver C. Cox:

> El linchamiento es un acto ejemplarizante y simbólico. En Estados Unidos es un ataque principalmente dirigido contra todos los negros en alguna comunidad en lugar de contra un individuo negro en lo particular [...] Linchamientos ocurren en la mayoría de las áreas donde se discrimina a los negros, donde en ocasiones, la maquinaria judicial puede incluso facilitar el acto. Sin embargo, la actitud de linchamiento se puede encontrar en cualquier parte de Estados Unidos entre los blancos.[3]

La enciclopedia Columbia informa que entre 1882, cuando por primera vez se recogió información confiable al respecto, y hasta 1968, año en que los linchamientos habían prácticamente desaparecido, se calcula que 4 743 personas habían sido linchadas; de ellas, 3 446 eran hombres y mujeres negros.

En los Estados Unidos, los linchamientos ocurrían con mayor frecuencia en pequeños poblados del sur, sobre todo en los estados de Mississippi, Georgia, Texas, Louisiana y Alabama, en ese orden, donde la gente era pobre y en su mayoría analfabeta, y donde no existía forma alguna de recreación comunitaria. Sin embargo, una de las causas sicológicas más notables de los linchamientos era «el temor al negro», que conforma una base subjetiva fundamental para justificar el racismo y la discriminación.

Por otra parte, ejecuciones sumarias de millones de personas, sin juicio ni proceso legal alguno, tuvieron lugar en la Segunda Guerra Mundial. Comunistas, opositores antifascistas de toda denominación política, gitanos, homosexuales, discapacitados y particularmente judíos fueron víctimas de la turba nazi que organizó un gigantesco acto de metódico linchamiento que llevó a lo que hoy conocemos como el *holocausto*. De manera similar, durante las múltiples guerras de conquista de los Estados Unidos y los poderes europeos, se dieron todo tipo de ejecuciones al margen de la ley, e incluso contaron con la complicidad de autoridades civiles y militares. Las dictaduras castrenses latinoamericanas, con el apoyo siempre activo de su mentor imperialista, dieron muerte extrajudicialmente a miles de hombres y mujeres. Hoy mismo en Irak, los Estados Unidos vuelven a dar otra vuelta en su historial de linchamientos contra pueblos enteros. El Ku-Klux-Klan instalado en la Casa Blanca decide el exterminio, fuera de toda ley internacional, de miles de pobladores en Afganistán, Irak, o en cualquier otro «oscuro lugar del planeta» —según George W. Bush— que se resista al dominio imperialista.

He preferido no tocar el texto de la introducción publicada en 1976, a pesar de no coincidir con algunos de los planteamientos que sobre el concepto de nación ahí se vierten. En lo básico, el marxismo ha avanzado significativamente en lo que a la cuestión nacional se refiere. Ha sido la perspectiva marxista sobre la cuestión nacional, a partir de un planteamiento crítico de la misma, y de las experiencias de investigación-acción desarrolladas en Nicaragua, México y otros países latinoamericanos, la que lleva a conformar una corriente denominada *etnomarxista*, a la cual me adscribo.

La dinámica decisiva y el impulso para la formación de una nación no provienen de una comunidad geográfico-territorial, cultural o étnica, sino que esta es, en la gran mayoría de los casos, creación de los procesos de formación nacional. Las afinidades étnicas podrían ser un apoyo considerable, pero no condición suficiente para la formación de naciones. El eslabón intermedio esencial, el sujeto actuante en la formación de naciones; es el constituido por las clases, los grupos sociales, la estructura social, la lucha de clases. No es posible dejar a un lado la voluntad política de las distintas clases, su accionar consciente, su conciencia nacional de clase en el surgimiento y formación de naciones.

Al enfatizar o meramente enumerar elementos constitutivos del fenómeno nacional —como lo hago en las páginas introductorias que siguen—, se incurre en algún tipo de reduccionismo en la cuestión nacional, por ejemplo, el *clasismo* o *economicismo*; esto es, clases despojadas de sus atributos étnicos, de género, de edad, grupos nacionales; observar a la nación como un fenómeno de «formación de un mercado» o un mero «producto de la burguesía»; *reduccionismo etnicista* o *culturalista*: explicación mediante factores étnicos sin ninguna relación con la matriz clasista; o como una realidad síquica, subjetiva o imaginaria que se volatiza en el ámbito simbólico; *reduccionismo esencialista*, por ejemplo, la extraterritorialidad de la «nación judía»; naciones que no son caracterizadas o contextualizadas en su relación con los sistemas mundiales.[4]

La nación sería una comunidad humana estable, surgida históricamente como la forma de establecer la hegemonía burguesa, esto es, su predominio político, económico, social, ideológico y cultural sobre un territorio que reclama como el ámbito de su producción y mercado interior de mercancías y fuerza de trabajo; y establece, asimismo, una imposición lingüística y cultural sobre poblaciones generalmente heterogéneas en su composición étnico-nacional.

> La nación sería la forma de articulación, contradictoria y abierta, de los más diversos contenidos sociales. El concepto de nación no es por tanto una categoría inmediata. En gran medida, ello explicaría su reputación como algo inaprensible y por lo tanto posible de ser reducida al mercado por el economicismo, a ser la sombra del Estado, por el politicismo o al imaginario de la sociedad, o también a los reduccionismos esencialistas étnicos o culturales transhistóricos. Cuerpo articulatorio orgánico y contradictorio entre sociedad civil, estado político y producciones culturales e ideológicas, la nación desafía, sin embargo toda sustancialización y, al mismo tiempo, todo reduccionismo económico, político o cultural.[5]

A lo escrito en 1976, reiteramos la necesidad de darle una temporalidad histórica a la nación, en la interacción de procesos estrechamente relacionados:

- como producto de la lucha de las clases que emergen con el capitalismo;

- como producto de la consolidación de un sistema de hegemonía nacional de clase en un ámbito territorial, mediante la imposición de un orden jurídico que introduce la igualdad formal ante la ley y universaliza la ciudadanía;

- como producto de la transformación de la fuerza de trabajo en mercancía;

- como resultado de dos tendencias que se atraen y se repelen: universalismo *versus* particularismo, homogeneización *versus* diferenciación;

- y como eslabón o mediación entre las determinaciones que están en la base del concepto simple de capital. Capital: muchos capitales en competencia; no hay capital universal, por su naturaleza es a la vez universal y fragmentado en muchos capitales.

El Estado nacional burgués logra unificar estas dos tendencias contradictorias hacia fuera y hacia dentro. Hacia afuera, conformando el sistema internacional de Estados que conocemos desde el siglo XIX; hacia adentro, reproduciendo y ampliando las imposiciones jurídicas, ideológicas y culturales, por medio del sistema escolarizado, la leva, el ejército, la burocracia, el sistema de pesos y medidas, la lengua nacional, la historia nacional, los mitos de fundación, los héroes o padres fundadores, etcétera.

El concepto de nación está unido al concepto de hegemonía; esto es, la capacidad de una clase para extender tendencialmente su conducción moral y cultural respecto del conjunto de la sociedad; la capacidad para articular los propios intereses con los intereses globales. El corporativismo es el complemento negativo de la hegemonía en el extremo opuesto equidistante, se trata de la actitud de una clase o grupo social que se orienta exclusivamente hacia sus propios intereses, mostrando una incapacidad para definir una perspectiva global que permita ejercer una conducción política, moral y cultural sobre otros sectores nacional-populares.

Se han dado muchos cambios en lo que se refiere al movimiento chicano en los Estados Unidos que dan la vuelta a la perspectiva sostenida por el autor de estas líneas en 1976. Sin embargo, considero importante seguir manteniendo las tesis sobre el surgimiento de una minoría nacional específica en los territorios arrebatados a México al norte del Río Bravo. *La Guerra del 47 y la resistencia popular a la ocupación* constituye la visión «mexicana» de los acontecimientos que originan esa minoría nacional chicana en el siglo XIX, y por esa razón este libro ha sido considerado, por algunos estudiosos, un clásico en las investigaciones de esa guerra.

Por último, quiero agradecer a la editorial Ocean Sur, y en particular a su presidente, David Deutschmann, por su interés en la publicación de esta cuarta edición, la cual pretende nutrir el espíritu de resistencia de las jóvenes generaciones que luchan —al igual que sus ancestros— por los ideales libertarios y antiimperialistas.

Cuernavaca, Morelos, 20 de junio de 2007

Introducción

I

La guerra de conquista emprendida por los Estados Unidos contra México en 1847 no solo brindó a ese país la posibilidad de extender su territorio hasta alcanzar la trascontinentalidad ambicionada fervientemente por los venerables «padres de la república», también dio un impulso extraordinario al comercio, la industria, la minería, empresas agrícolas y ganaderas capitalistas, en suma, a toda la estructura económica de los Estados Unidos; y además trajo como consecuencia la formación de un grupo nacional explotado, ocasionó el surgimiento de una minoría incrustada en el territorio de un estado extranjero y la existencia de un problema nacional, cuyas características esenciales de desigualdad, explotación económica, discriminación social y cultural, han subsistido hasta el presente.

En el proceso de conquista de las tierras mexicanas, los Estados Unidos establecen un sistema de estratificación —sobre la base del origen étnico y nacional de la población— en el que mexicanos e indios pasan a ocupar el nivel más bajo de la escala social, y explotados de la misma forma que el resto de los sectores laborantes, aunque bajo condiciones de diferenciación y preferencia. Así mismo se ven despojados de los medios de producción más importantes, desplazados de la dirección de las principales actividades económicas, obligados a integrarse en el sistema capitalista como asalariados y subordinados en las empresas de los patronos estadounidenses.

Desde los primeros años del establecimiento del capitalismo estadounidense, las relaciones de dominación del grupo extranjero hacia la población mexicana se imponen en todas las esferas de la vida económica y social. Estas relaciones son mantenidas por medio del ejercicio constante y sistemático de la violencia y la intimidación, así como a través del control ideológico y político.

Paralelamente, el poder estadounidense no hizo el menor intento por integrar cultural y socialmente a los mexicanos, al mismo tiempo, se opuso al desarrollo de sus instituciones y desvalorizó sus contribuciones culturales. El socorrido modelo del «crisol» estadounidense de asimilación cultural, fue puesto en práctica únicamente con los emigrantes europeos considerados de «raza blanca», y con aquellas élites, previamente «reeducadas», que han sido útiles en el proceso de dominación de sus propios pueblos. La clase dominante mexicana en los territorios perdidos, que jugó un papel histórico en la conquista del «suroeste»,[1] fue el elemento amortiguador en el conflicto entre anglos y mexicanos, sirvió para sancionar la legitimidad del poder estadounidense y para mediatizar los movimientos de protesta, rebeldía o reforma, dirigidos contra ese poder.

El factor de la alianza de clase por sobre las barreras nacionales tuvo una gran importancia en condicionar el bajo nivel político y organizativo de la resistencia mexicana, tanto durante la guerra de 1847 como durante el proceso de la conquista efectiva de las tierras, al sembrar división interna, derrotismo y pasividad para lograr o mantener beneficios. Sobre estas bases, el poder estadounidense establece en las provincias norteñas un doble sistema de opresión y explotación sobre el grupo mexicano, un sistema a la vez clasista y nacional.

Desde esta perspectiva, consideramos que los factores que intervienen en el surgimiento histórico de la minoría nacional chicana en el siglo XIX son, por un lado, la diferenciación socioeconómica que el poder estadounidense instituye, siguiendo las líneas del origen étnico y nacional de la población y, por el otro, la resistencia constante de los mexicanos ante este esquema de dominación. A este respecto, circunscribiéndonos a los límites temporales que hemos fijado a nuestro estudio, aproximadamente desde principios del siglo XIX hasta las cuatro primeras décadas que siguen a la terminación de la guerra de 1846-1848, conquista y resistencia son los procesos fundamentales que entran en juego para condicionar la aparición de las características que habrían de constituir los rasgos peculiares de un grupo distinto de nuestro conglomerado nacional al sur de la frontera.

No obstante, la existencia de estas peculiaridades, producto de una realidad objetiva e histórica que toma un rumbo propio a partir de la conquista estadounidense, México reforzaría constantemente, a lo largo de más de un siglo, toda la gama de instituciones culturales de la minoría nacional chicana a través de la emigración ininterrumpida de mexicanos hacia las áreas rurales y urbanas del suroeste, favorecida por la cercanía geográfica de estas áreas y la dependencia económica de este país con respecto a los Estados Unidos.

Visto desde una perspectiva histórica, los factores que se interrelacionan íntimamente en la formación de la nacionalidad chicana son los siguientes:

a) La guerra de conquista y el establecimiento del poder socioeconómico estadounidense en el norte de México.

b) La resistencia de la población mexicana a la invasión y dominación extranjera.

c) La emigración ininterrumpida de mexicanos a los Estados Unidos y principalmente al suroeste.

d) La cercanía geográfica entre la comunidad nacional chicana del suroeste y la comunidad nacional mexicana de la frontera.

El factor de la emigración cobra fuerza a partir de la primera década de este siglo XX, con períodos en los que alcanza cifras impresionantes (en la década de los veinte, por ejemplo, se calcula en 436 733 el número de personas que emigraron legalmente; entre 1900 y 1968 se da una cifra de 1 448 017 de emigrantes mexicanos, debiéndose tener presente que en estas cifras no se incluyen los emigrantes sin documentos). Este hecho ha sido muy enfatizado, al grado de pretender conceptualizar a los mexicanos de los Estados Unidos como una minoría de emigrantes y tratar de minimizar los acontecimientos históricos ocurridos en el siglo XIX. Sin restar importancia al fenómeno migratorio y a las implicaciones que este pueda tener, consideramos que los millones de trabajadores provenientes de México llegan a una situación socioeconómica definida de antemano por el prolongado conflicto entre anglos y mexicanos que expondremos a lo largo de nuestro estudio.

Los emigrantes heredan, por así decirlo, una realidad histórica marcada por violencia, discriminación y explotación de carácter a la vez social y nacional, que tuvo sus orígenes en el proceso de conquista al que nos referiremos extensamente. El recién llegado es situado en un sistema de relaciones que ha sido articulado durante decenas de años de conflicto y dominación, dentro del contexto del sistema capitalista.

Si desde un punto de vista estrictamente formal e histórico los chicanos podrían ser definidos como una minoría nacional, resultado de un proceso en el que participaron un núcleo de población autóctono y una masa de emigrantes, a la luz de nuestros argumentos, el primer elemento cobra una importancia sociológica indiscutible. Así, a pesar de que se calcula que solo el 15% de la población chicana actual es descendiente del núcleo original de la población mexicana del suroeste, por las razones expuestas y con fines clasificatorios, definimos a los chicanos como una *minoría nacional autóctona*, es decir, como un grupo nacional históricamente constituido y fijo en un territorio determinado.

Igualmente sostenemos que para comprender la situación actual de la población chicana, y descubrir los mecanismos estructurales e ideológicos que la mantienen como un pueblo oprimido, es de importancia primordial tomar en cuenta el análisis histórico de los factores, condiciones y acontecimientos específicos que determinaron los procesos de conquista y resistencia del norte de México.

II

> *Un sistema teórico se mantiene o cae, no sobre la base de dogmas pasados, sino por su capacidad en captar los nuevos problemas a medida que se presentan, y en darles soluciones viables.*
>
> Horace B. Davis

En 1893, el antropólogo estadounidense Daniel G. Brinton ofreció una conferencia en el Congreso Internacional de Antropología titulada «La "nación" como un elemento en la antropología», un tema que en sus palabras: «[...] he seleccionado con el objeto de mostrar la verdadera envergadura y el significado completo de la ciencia para cuyo desarrollo nos hemos reunido en esta ocasión».[2]

En su intervención, sumamente interesante para la época, Brinton mantuvo un punto de vista amplio y humanista en relación a los objetivos de la «ciencia del hombre», así como una perspectiva un tanto optimista sobre las posibilidades de la Antropología, la cual, según Brinton:

[...] abarca todo y excluye nada que ataña a la humanidad, ya sea en lo que se refiere al individuo o a sus agregados. No omite parte o función que sea considerada fuera de su alcance; no admite la existencia de algo tan superior o tan sagrado que vaya más allá de los límites de su investigación [...] ningún tema puede ser hecho a un lado o sobreestudiado, pues entre más fructíferos sus resultados, serán *primus inter pares* [...][3]

Estas afirmaciones fueron una réplica a lo que un antropólogo, en el Congreso que tuvo lugar en Moscú un año antes, había declarado:

el estudio de la nacionalidad no tiene nada que ver con la Antropología; ha sido producto de la Historia y a esta disciplina debe preocupar solamente.

Yo deseo destacar —Brinton agrega— el hecho de que el antropólogo nunca comprenderá completamente la ciencia que dice profesar, nunca llegará a adquirir la percepción de su significación total, si omite de su estudio, como no pertinente, cualquier influencia que modifique en cualquier dirección la evolución de la especie humana. Esto la nación lo hace con una potencia y una derechura que no puede ser mal interpretada o puesta en duda.[4]

Desgraciadamente para la Antropología, solo unos pocos de los especialistas en esta rama de las ciencias sociales, han notado la trascendencia del fenómeno nacional como un importante campo de investigación. Eric Wolf, por ejemplo, es uno de los pocos antropólogos —además de aquellos que se han interesado en los estudios sobre «el carácter nacional»— que han notado esas amplias posibilidades de estudio. En un artículo que este autor escribió en 1953, titulado «La formación de la nación: un ensayo de

formulación», Wolf señala la variedad de temas que el estudio de
la nación ofrece a los antropólogos:

> Los antropólogos pueden intentar el estudio de la formación de
> la nación en relación a cambios en la ecología: en el conjunto
> de las relaciones entre el equipo tecnológico y el medio. Pueden
> interesarse en el crecimiento y en la decadencia de sectores
> socioculturales envueltos en la formación de la nación, y en
> cualesquiera relaciones que ellos puedan tener con cambios en
> la ecología. Finalmente, pueden intentar describir el desarrollo
> de los lazos sociales y culturales de tales sectores en términos de
> los procesos de transculturación entre grupos separados espa-
> cial y culturalmente.

Sobre estas bases, el antropólogo puede intentar abordar su problema construyendo un tipo ideal de desarrollo de nación. Este
tipo puede ser obtenido a partir de datos concretos. Sin embargo,
debe ser expresado en términos suficientemente generales como
para que pueda ser aplicado al desarrollo de las naciones en diferentes partes del mundo.[5]

Asimismo, antropólogos mexicanos han estado interesados en
el estudio del problema nacional, pero particularmente en el papel
que los grupos indígena y negro han jugado en la formación de esta
nacionalidad,[6] y en el análisis de las condiciones de los indígenas
dentro del sistema clasista de la sociedad nacional capitalista.[7]
Otros han llevado a cabo investigaciones a nivel nacional, *vis a vis* a
la tendencia tradicional por investigaciones a nivel de comunidad
o a nivel regional,[8] pero sin analizar los conceptos relacionados
con el fenómeno nacional mismo. Así, a pesar de estas y otras
contribuciones importantes, el «problema nacional» ha sido un
tema extraño a las investigaciones antropológicas.

Sin embargo, la Antropología no es un caso aislado entre las
ciencias sociales en cuanto a la carencia de investigaciones sobre la

nación y sobre el fenómeno nacional en su conjunto: formaciones nacionales, minorías nacionales, movimientos nacionales, etc. También la sociología ha sufrido las mismas deficiencias al respecto. De esta manera, las observaciones hechas por Brinton en el siglo XIX sobre la importancia del estudio no son muy diferentes a las expresadas hace solo unos años por Emile Sicard. En su artículo, «De quelques éléments mal connus du fait national en sociologie», Sicard señala:

> Probablemente podemos decir que uno de los hechos sociales, socioculturales y sociopolíticos más abandonados por la sociología es el *hecho nacional*, la nación. Al mismo tiempo, es admirable que este término sea una de las palabras que se usan más frecuentemente, directamente o en sus derivados, en el pensamiento político... De esta manera, podemos hablar de una laguna entre la realidad y la ciencia sociológica en este respecto...[9]

Por otro lado, una de las ideologías políticas que se fundamentan en la adhesión nacional: *el nacionalismo*, ha recibido la atención constante de numerosos especialistas dentro de las ciencias sociales.[10] Este hecho puede explicarse, en parte, debido a que ha probado ser una fuerza social y política de importancia considerable en los últimos dos siglos. Sin embargo, los factores por los cuales esta ideología toma forma: el origen de las naciones, el proceso de integración nacional, la formación de minorías nacionales, los fundamentos socioeconómicos que han alentado la formación de grupos y de movimientos nacionales, etc., no han merecido el mismo grado de atención por parte de estos especialistas.

En nuestra opinión, los problemas más inmediatos del nacionalismo han relegado a un segundo término el estudio de los factores objetivos de la nación, creando grandes lagunas en la comprensión de otras áreas del fenómeno nacional. En relación a la Antropología debemos admitir que estas lagunas cubren dimensiones oceánicas.

No obstante, esto no significa que no haya teorías que expliquen el fenómeno nacional con cierta coherencia, aunque, en verdad, ninguna de las corrientes teóricas ofrece todavía una comprensión completa de muchos de sus problemas. En nuestra opinión, este es uno de los temas que requiere un esfuerzo interdisciplinario, con objeto de obtener los mejores resultados en los análisis e investigaciones.

La teoría marxista —debido a las características de las luchas sociales que han ayudado a su desarrollo en este siglo—, ha venido trabajando en el problema nacional con un interés creciente.[11] El marxismo explica el origen y desarrollo de la nación no sobre la base de ideas o «principios espirituales», tal como numerosos escritores lo han hecho,[12] sino de las condiciones materiales de un contexto histórico específico. «La demanda categórica de la teoría marxista al examinar cualquier cuestión social es que esta sea colocada dentro de límites históricos *definidos*».[13] De esta manera, diferencia entre la comunidad nacional que se consolida con el desarrollo del capitalismo como modo de producción, y las comunidades sociales de niveles menos avanzados de organización: el clan, la tribu, la confederación, la ciudad-Estado, etc.:

> La nación es no solo una categoría histórica, sino una categoría histórica que pertenece a una época definitiva, la época del capitalismo ascencional. El proceso de eliminación del feudalismo y el desarrollo del capitalismo fue, al mismo tiempo, un proceso de amalgamación de pueblos en naciones, tal, como por ejemplo, fue el caso en Europa Occidental.[14]

Sin embargo, a pesar de que el proceso de integración nacional es llevado a cabo completamente dentro del modo de producción capitalista —o socialista—, los elementos formativos de la nación se desarrollan mucho antes de que el capitalismo llegue a ser el sistema dominante. Elementos tales como lenguaje, territorio y cultura comunes entre pueblos de orígenes raciales y étnicos variados, unificados bajo el principio de la territorialidad, con características similares adquiridas durante un tiempo prolongado de convivencia y una cierta interrelación económica, son las bases sobre las cuales se forman las *nacionalidades*. Algunos autores, como Yves Person y Benjamin Akzin, diferencian entre la etnia o grupo étnico y la nacionalidad a partir de ciertos niveles de organización social y toma de conciencia política, siendo entonces aquella comunidad humana que ha alcanzado el grado de conciencia política que aspira buscar la formación nacional.[15] Esta distinción —provista de bases estructurales, como por ejemplo, la existencia de un sistema «interno» de clases sociales bien definido en los agregados de carácter nacional *versus* las características etnográficas de las minorías étnicas— puede ser muy útil, desde el punto de vista de la terminología sociológica, para diferenciar entre grupos tales como la mayoría de las comunidades indígenas de México, por ejemplo, grupos étnicos, y agregados con movimientos de carácter nacional definido, como los chicanos, por ejemplo.

Visto desde una perspectiva histórica, junto a los elementos que se van desarrollando en la formación de las nacionalidades, interviene un proceso fundamental en el fenómeno de consolidación nacional. Este es el proceso de integración económica que tiene lugar con el desarrollo del capitalismo y su consolidación como sistema dominante. Este proceso se manifiesta principalmente con la formación de un mercado «nacional» unificado, la desaparición de aduanas locales y barreras económicas regionales, el establecimiento de un vínculo económico interno que integra las partes en un todo único, el desarrollo de los medios de comunicación, la división del trabajo entre las regiones y, en suma, la comunidad de vida económica cohesionada que el capitalismo trae consigo como sistema. Así, dentro del contexto histórico específico ya mencionado, un proceso de unificación y de «amalgama» tiene lugar, principalmente en los siguientes elementos formativos que caracterizan a la nación:

a) *Territorio*, con la consolidación de ciertas fronteras geográficas que constituirán los límites de espacio considerado como «nacional».

b) *Idioma*, con la preponderancia del lenguaje o dialecto de la nacionalidad o grupo étnico que con el tiempo, por asimilación o imposición, o por ambas, llega a ser el idioma «nacional».

c) *Economía*, con la consolidación de una cohesión y una integración internas, manifiestas en la existencia de un mercado nacional, la división del trabajo entre regiones, y un sistema de comunicaciones bien desarrollado.

d) *Carácter nacional*, que se forma debido a la acción interrelacionada de los factores mencionados y a la comunidad de experiencias históricas y culturales similares.

Tomando en cuenta estos factores, Stalin define a la *nación* como una «comunidad humana estable, históricamente formada y surgida sobre la base de la comunidad de idioma, de territorio, de vida económica y psicológica, manifiesta en la comunidad de cultura».[16]

Ahora bien, esta definición y el proceso de formación de la nación que hemos bosquejado más arriba, son de carácter general y deben ser adaptadas a las condiciones concretas de cada sociedad. Como lo hace notar Roger Bartra, la nación:

[…] no aparece sino raras veces en toda su pureza; se expresa a través de estructuras históricamente condicionadas: país, estado nacional, nacionalidad, etc. El problema consiste en que, en el proceso de formación de una nación, infiere una serie de factores muy importantes: revolución burguesa, colonialismo, imperialismo, lucha por la independencia, estructura étnica, etc., que determinan en alto grado las peculiaridades de la formación de una nación.[17]

En la misma forma, Salomon F. Bloom, al exponer las conclusiones que pueden ser inferidas de la concepción que Marx poseía de la nación moderna, enumera algunos de los factores que condicionan la formación de las naciones:

Una nación es un producto complejo que se ve afectado por influencias ambientales, históricas y económicas. El carácter físico del medio ambiente, el grado y la forma de su desarrollo; las características generales del modo de producción pre-valeciente, junto con las modificaciones, divergencias, y peculiaridades especiales locales; el número, las funciones y la interrelación de las clases sociales importantes, y especialmente el carácter de la clase dominante o dirigente; las experiencias políticas a institucionales del pasado; la cultura y las tradiciones peculiares; todos estos factores afectan el carácter y el desarrollo de la nación.[18]

Así, la formación de las naciones se efectúa de muy diversas maneras en Europa Occidental, Europa Oriental, África, Asia o América Latina. En el primer caso —a excepción de la confede-ración Suiza y España— significó su conversión en estados na-cionales independientes que, a pesar de contener nacionalidades oprimidas dentro de sus fronteras «nacionales», no constituyeron un peligro real para la preponderancia de aquella dominante, o fueron más o menos asimiladas en el proceso de consolidación na-cional. Tales fueron los casos de Inglaterra, Francia, Alemania o Italia.

Mientras en el occidente de Europa la mayoría de las naciones poseen su propio estado, en el este se forman Estados multinacionales, cada uno conteniendo varias nacionalidades y naciones lo suficientemente poderosas como para aspirar al establecimiento de su propio Estado nacional. Tales fueron los casos de las naciones oprimidas por los imperios ruso y austro-húngaro.

Sin embargo, en ambas regiones de Europa, la consolidación de unas naciones significó la supresión del desarrollo nacional de otros agregados nacionales que no pudieron constituir o habían perdido su Estado nacional. Tal fue el caso de Irlanda y su lucha de siglos por lograr independencia y unidad nacional, la cual aún no se ha alcanzado completamente, con la llamada Irlanda del Norte todavía en manos de Inglaterra como una región irredenta. Las naciones que no lograron constituir su estado nacional han sido calificadas por Sergio Selvi con el término de *Le Naxioni Proibite*, en su magnífico estudio sobre tales casos en el Occidente de Europa: Alba (Escocia), Breizh (Bretaña), Catalonia (Cataluña), Cymru (Gales), Paese Basco (Euzkadi), etc.[19]

En este sentido es pertinente señalar el error común de identificar a la nación con el Estado, de tal manera que toda comunidad nacional que por razones históricas se encuentra sujeta al control de un estado extranjero, le es negado el derecho a ser reconocida como nación, el derecho a la autodeterminación. Las implicaciones políticas negativas de este enfoque son evidentes y puede ser utilizado para justificar el mantenimiento de las condiciones de opresión a las que se encuentran sujetas muchas «naciones prohibidas», así como muchas otras minorías nacionales que son mantenidas dentro del control político de un estado sobre la base de un sistema de desigualdad y discriminación. Esto no significa, sin embargo, que el estado no juegue un papel importante en el proceso de integración nacional. Nuestra intención es separar dos conceptos que, aunque interrelacionados íntimamente, no pueden ser considerados como idénticos; por esta razón estamos de acuerdo con Sergio Selvi cuando afirma enfáticamente: «Estado y nación no son de ninguna manera sinónimos».[20]

La formación de naciones en el llamado Tercer Mundo ha sido de una naturaleza muy distinta de la que tuvo lugar en Europa. En África, Asia y América Latina el proceso de consolidación nacional fue efectuado en el contexto del colonialismo y el imperialismo. La acción de estos factores ha condicionado, y en muchos casos, determinado, el curso del fenómeno nacional al imponer la lengua, cultura y sistema socioeconómico de los poderes coloniales sobre los grupos autóctonos de esas regiones, así como las fronteras territoriales y después de cruentas luchas por la independencia, se efectuó un proceso de consolidación nacional. Anouar Abdel-Malek, tomando en cuenta las peculiaridades de las formaciones nacionales actuales en el llamado Tercer Mundo, ofrece una tipología de gran utilidad, con cuatro posibles modelos de formaciones nacionales:

1) Resultando de la etapa colonial, no descansan sobre una tradición histórica continua y específica: Chad, República Centro-Africana, Botswana, etc.

2) Con una tradición histórica específica, pero que han sufrido una profunda ruptura en su existencia étnica o nacional a causa de la etapa colonial: Ghana, Mali, Senegal, etc.

3) De origen europeo superimpuesto sobre culturas indígenas que, no obstante haber sido conquistadas o aniquiladas, han tenido una profunda influencia en el proceso nacional: muchos países de América Latina.

4) Que descansan sobre la base de una tradición histórica milenaria, con períodos de dependencia y decadencia, y han

reconquistado el poder de decisión en todos los dominios de su vida nacional: China, Egipto, Irán, Vietnam, etc.[21]

La tipología de Abdel-Malek, basada principalmente en los antecedentes históricos de las naciones actuales y en el impacto del colonialismo sobre las mismas, puede ayudar a mostrar la complejidad del estudio del fenómeno nacional y la variedad de situaciones que se presentan en la formación de naciones. Nuestro propósito principal en mostrar esta visión general del fenómeno nacional y en distinguir las características esenciales de la nación han sido, por un lado, dar el contexto histórico en el que estas comunidades han surgido, y por el otro, ofrecer los rasgos más importantes de los grupos nacionales. Estos antecedentes son esenciales para la comprensión del tema objeto de nuestra atención: los orígenes históricos de la minoría nacional chicana a partir de la guerra de 1847.

Las *minorías nacionales* pueden ser definidas como las comunidades que habiendo formado parte de un agregado nacional, o habiendo formado un agregado nacional por sí mismas, han pasado por migración, guerras de conquista, o por anexiones territoriales de cualquier tipo, al dominio de un Estado extranjero, y que, a pesar del proceso de imposición o de asimilación cultural del grupo dominante, han mantenido su propia identidad nacional.

El término de *minoría*, según el documento de las Naciones Unidas, *Definition and classification of minorities*, es utilizado para referirse principalmente a un tipo de comunidad, de carácter nacional especialmente, que difiere del grupo predominante dentro del estado. Minorías de esta naturaleza pueden haberse originado de las maneras siguientes:

a) Constituido antiguamente una nación independiente con su propio Estado (o con una organización tribal más o menos independiente).

b) Formado parte de una nación que poseía su propio Estado y haber sido segregadas de esta jurisdicción y anexadas a otro Estado.

c) Ser o continuar siendo un grupo regional o disperso el cual, aunque ligado al grupo predominante por ciertos sentimientos de solidaridad, no ha alcanzado un grado mínimo de asimilación real con el grupo predominante.[22]

Teniendo en mente los hechos históricos esbozados en la sección anterior, que dieron origen a la minoría nacional chicana —circunstancias que analizaremos en detalle a lo largo de nuestro estudio— queda claro que esta minoría debe ser incluida en la categoría b) de la clasificación anterior. Esto significa que la minoría nacional chicana formó parte de un agregado nacional que poseía su propio Estado, el mexicano, y que más tarde fue segregada de esta jurisdicción y anexada a los Estados Unidos debido a una conquista militar. La característica esencial de la minoría chicana es su origen nacional y el hecho de mantener hasta el presente, una identidad peculiar. Como resultado del proceso de conquista del norte de México, la población de estos territorios pasó a constituir una minoría nacional sujeta al poder del Estado norteamericano.

La conquista estadounidense del norte de México no ha sido el único factor en la formación de la minoría nacional chicana: la migración continua de mexicanos a los Estados Unidos ha jugado un papel muy importante en este proceso, sobre todo en los últimos setenta años. En el caso de los chicanos, los procesos de conquista y migración han sido los principales elementos que han intervenido en la formación de esta minoría nacional, compuesta por los habitantes de los territorios conquistados, y por aquellos que han emigrado de México: «este segundo grupo ha mantenido los lazos con la nación de origen y ha sido un factor importantísimo para la conservación de las pautas y las tradiciones culturales; puede decirse que los emigrantes han mantenido viva la conciencia del origen nacional».[23]

Tomando en cuenta estas características y utilizando la clasificación ya mencionada, desde el punto de vista del origen y de la situación de la minoría en relación al Estado, los chicanos son una minoría nacional que puede ser considerada dentro de las categorías siguientes:

a) Minorías que descienden de grupos que antiguamente pertenecían a otro Estado, que más tarde fueron anexadas al Estado en virtud de un acto internacional tal como, un tratado que afectó reajustes territoriales.

b) Minorías formadas por personas que poseen un origen, idioma, religión y cultura comunes, etc., y han emigrado o han sido importadas dentro del país y venido a ser ciudadanos del Estado.[24]

Siendo los chicanos el resultado de un proceso de conquista y migración, el principal objetivo de este estudio es cubrir el análisis de los factores primarios que intervinieron en la formación de esta minoría. Históricamente la conquista del norte de México y el establecimiento definitivo del poder estadounidense tiene lugar durante el siglo XIX, mientras la migración mexicana es principalmente, un fenómeno del presente siglo, por lo que queda fuera del alcance de nuestro estudio. No solo cada factor es producto de diferentes épocas históricas, también en cada uno intervienen causas y variables de naturaleza muy distinta.

Consideramos que nuestra contribución al campo del fenómeno nacional, puede ser la de ofrecer este «estudio de caso» sobre los orígenes históricos de una minoría específica, y este trabajo un paso más en la participación de antropólogos en la investigación del proceso de formación nacional.

Capítulo I

Generalidades del expansionismo territorial estadounidense

*Parece mentira que a estas horas del siglo estén todavía
haciendo acto de presencia hombres aún peores que quienes
hicieron la dura, salada historia de arrebatos, invasiones,
cañonazos, despojos, torturas, trasteos, humillaciones, todo
este catálogo, en fin, de depredaciones, navajazos, sobre el
cuerpo y el alma de negros, indios, mestizos y mulatos.*

Pedro Andrés Pérez Cabral

I

El conde de Aranda —representante de España en la firma de los
acuerdos que dieron fin a las hostilidades entre la metrópoli inglesa y sus antiguas colonias en el Nuevo Mundo, reconocía la independencia de los Estados Unidos de América— era perfectamente
consciente de que un día, no muy lejano, el imperio colonial español habría de lamentarse de su participación —un tanto forzada—
en el nacimiento de la nueva nación. En la misma fecha en la que
el Tratado de Versalles fue firmado (3 de septiembre de 1783), el
ministro enviaba un mensaje de carácter secreto a su señor, el rey
Carlos III de España —su contenido era considerado por él como
«de la más grande importancia dentro de las circunstancias de la
época»—, le advertía al soberano sobre las consecuencias nefastas
que para el imperio español traería la federación republicana recientemente constituida.

Para el sagaz conde de Aranda, el ejemplo que representaba la
lucha victoriosa de las colonias inglesas norteamericanas por su
independencia, la lejanía de España con respecto a sus dominios,
la dificultad de lograr que los virreinatos contasen con gobiernos

adecuados, el descontento de las poblaciones locales, todo ese cúmulo de contradicciones, ocasionaría inevitablemente el que los pueblos de América buscasen obtener su soberanía en la primera ocasión propicia. En la misma forma, el ministro español afirmaba que, ante estas circunstancias, la nueva república trataría sin duda de extender su superficie territorial a costa de los poderes europeos que la habían apadrinado y a costa también de los posibles nuevos países que surgieran en el continente sin lazos coloniales:

> La independencia de las colonias inglesas acaba de ser reconocida, y esto, en mi opinión, es un hecho muy grave [...] Esa república Federal ha nacido, por así decirlo, como un pigmeo y ha necesitado la ayuda de estados poderosos como España y Francia para conseguir su independencia [...] Vendrán los tiempos en que se convierta en un gigante y aún en un coloso de proporciones tales como para ser temido en aquellas vastas regiones [...] entonces olvidará los beneficios que recibió de ambos países y solo pensará en ensanchar sus fronteras [...] Sus primeros pasos estarán encaminados a posesionarse de las Floridas para dominar el Golfo de México. Después [...] aspirarán a la conquista de este vasto imperio [la Nueva España], el cual no nos será posible defender contra una potencia formidable, establecida en el mismo continente [...] Tales temores están muy bien fundados y se realizarán dentro de unos pocos años, si antes no ocurren otros desastrosos acontecimientos en nuestras Américas.[1]

Con el objeto de que España conservase sus relaciones con las posesiones americanas aun en el caso de «desastrosos acontecimientos», Aranda propuso en su mensaje al rey un proyecto tan elaborado como difícil de ser puesto en práctica, principalmente porque, como veremos, requería de un «sacrificio» inmediato del *status* de las posesiones coloniales, en aras del «interés general» del imperio. Aconsejaba cambiar las formas de la dominación «deshaciéndose» de todas las colonias en América, con excepción de Cuba y Puerto Rico, para formar tres reinos con infantes españoles a la cabeza de los mismos, tomando el rey de España el título de Emperador. Las islas del Caribe serían la base del comercio peninsular y el puente de unión con los reinos, los cuales pasarían una contribución a la metrópoli en metálico y en especies, estarían unidos en una alianza ofensiva y defensiva para su «conservación y prosperidad». El conde confiaba en que la realización de estos singulares planes sería una barrera efectiva contra la expansión de los rivales más temidos por España en América: Inglaterra y la nueva Federación Norteamericana.

Todos estos designios —no exentos de la lógica del colonialista previsor— fueron rechazados por el gobierno español que, con menos pesimismo que su representante en Francia, prefería seguir recibiendo las rentas cuantiosas de sus colonias en América a la defensa, un tanto aleatoria, de los intereses de un imperio gravemente enfermo y con voraces herederos rondando a la cabecera.

Luis de Onís, ministro plenipotenciario de España ante el gobierno de los Estados Unidos durante la segunda década del siglo XIX, trata de seguir los pasos del conde de Aranda, aunque sin la audacia para lucubrar planes extraordinarios, salvadores de imperios.

Con la agudeza propia del diplomático hábil y celoso de sus deberes, Luis de Onís había observado con gran inquietud desde su llegada a la nación estadounidense, el carácter abiertamente expansionista de la joven república y sus «agigantados» proyectos de dominación continental que les hacía pensar a muchos de sus ciudadanos en la nada remota idea de «mudar la silla presidencial de Washington al Istmo de Panamá». En fecha muy temprana, el 10 de abril de 1812, así escribía en nota reservada a Francisco Javier Venegas, virrey de la Nueva España:

Cada día se van desarrollando más y más las ideas ambiciosas de esta República, y confirmándose sus miras hostiles contra España: V.E. se haya enterado ya por mi correspondencia, que este gobierno no se ha propuesto nada menos que el fijar sus límites en la embocadura del Río Norte o Bravo, siguiendo su curso hasta el mar Pacífico, tomándose por consiguiente las provincias de Texas, Nuevo Santander, Coahuila, Nuevo México y parte de la provincia de Nueva Vizcaya y la Sonora. Parecerá un delirio este proyecto a toda persona sensata, pero no es menos seguro que el proyecto existe, y que se ha levantado un plano expresamente de estas provincias por orden del gobierno, incluyendo también en dichos límites la isla de Cuba, como una pertenencia natural de esta república.[2]

No obstante que Onís envió cartas semejantes tanto al gobierno de la metrópoli como a los gobiernos de las colonias, y con diversos seudónimos escribió numerosos artículos con los puntos de vista del gobierno español, este activo ministro no hizo pública su preocupación con respecto a la marcada tendencia expansionista de los Estados Unidos hasta la edición en 1820 de su *Memoria sobre las negociaciones entre España y los Estados Unidos de América*. En *Memoria…* da cuenta de los acontecimientos que llevaron a la firma del tratado conocido como Onís-Adams y en el cual se formalizó la «cesión» de las Floridas, y se obtuvo el reconocimiento —al menos por el momento— de una frontera con la Nueva España que no incluía en el territorio estadounidense, la ya ambicionada provincia de Texas. En una interesante monografía que antecede y sobrepasa, por la calidad de la observación y agudeza de sus críticas, a lo que calificó de *Noticia sobre la estadística de aquel país*, el ministro ofrece una visión de la época en temas tan variados como el carácter de los estadounidenses, sus hábitos culinarios, las matanzas de indios,[3] la invención del torpedo y la ametralladora, pero haciendo hincapié en dejar constancia de los planes alentados por ese gobierno sobre el papel rector al que aspiraba en los destinos de América y del mundo, así como sus pretensiones de lograr adquisiciones territoriales, obtener el control político y económico y alcanzar la hegemonía de las colonias españolas que, en aquel momento, se debatían en la lucha por la independencia nacional. Estas ideas fueron captadas por el ministro Onís con detalle y en el contexto del desaliento causado por el giro que los acontecimientos iban tomando, adverso a los intereses del imperio español. Se expresó de este modo:

> Apenas vieron los Estados Unidos reconocida su independencia, establecida la tranquilidad y el orden en su república y fijado en el lugar que debían tener entre las potencias independientes, formaron el ostentoso proyecto de arrojar del continente de América a las naciones que tenían posesiones en él, y de reunir bajo su dominio por federación o conquista las colonias de todas ellas [...] Los Estados Unidos tienen formado su plan con sabia y madura reflexión, le siguen con impavidez y al par de Inglaterra: sea cuales fueren los gobernantes no altera un ápice [...] los americanos se creen ahora superiores a todas las naciones de Europa, llamados por los destinos a extender su dominación desde luego hasta el Istmo de Panamá, y en lo venidero a todas las regiones del Nuevo Mundo. Su gobierno calcula sobre estas mismas ideas y sostiene la ilusión de estas lisonjeras esperanzas en el curso constante de su política.[4]

No era la amenaza de fantasmas imaginarios lo que mantenía preocupado al ministro español, eran los hechos y los abiertos proyectos que en boca de los «Padres de la República» habían prendido en la imaginación popular como un destino inevitable de dominio

y grandeza. Ya en el año de 1786 Jefferson escribía a Archibald
Stuart lo siguiente:

> Nuestra confederación debe ser considerada como un nido des-
> de el cual toda la América, la del norte y la del sur, ha de po-
> blarse. Así, tengamos buen cuidado, por el interés de este gran
> Continente, de no expulsar a los españoles, pues aquellos países
> no pueden estar en mejores manos. Mi temor es que España sea
> demasiado débil para mantener su dominio sobre ellos hasta
> que nuestra población haya avanzado lo suficiente para ganar-
> les el dominio palmo a palmo.[5]

Y en 1801 el mismo Jefferson le confía a James Monroe su opinión
de que:

> No obstante de que nuestros intereses presentes pueden
> retenernos dentro de nuestros límites, es imposible no mirar
> más allá, a los tiempos distantes cuando nuestra rápida mul-
> tiplicación nos expandirá más allá de esos límites y cubrirá todo
> el norte sino es que todo el sur de este continente, con gente
> hablando el mismo lenguaje, gobernada en forma similar y con
> leyes similares…[6]

En estas ideas y otras semejantes compartidas por Adams, Clay,
Monroe y en general, por la clase dirigente estadounidense, es
donde se encuentran los verdaderos fundamentos, la cruda realidad de lo que posteriormente se conocería como la declaración
de Monroe (transformada rápidamente en «doctrina» para darle
su pátina de misticismo y otorgarle respetabilidad) y la ideología
de conquista llamada: «Destino Manifiesto». Ambas corrientes de
pensamiento se nutren y tienen sus antecedentes en las características que Luis de Onís da cuenta en su *Memoria…*, que no fue sino
la forma «oficial» de indicar a los poderes coloniales de Europa que
los Estados Unidos entraban, en igualdad de condiciones, en el

reparto colonial del mundo, que América debería ser considerada como un campo libre de toda ingerencia europea... para beneficio exclusivo de los estadounidenses. A este respecto Richard W. Van Alstyne señala:

> El concepto del derecho a colonizar presuponía la supuesta habilidad para implementar este derecho, y en esta forma llega a ser parte de la mentalidad estadounidense en el siglo XVIII. John Quincy Adams y James Monroe, empleando el mismo razonamiento, dieron a la doctrina su expresión clásica en 1823; y la Doctrina Monroe viene a ser el arma ideológica escogida por los Estados Unidos en el siglo XIX para alejar a los intrusos del continente. El destino manifiesto, esa frase intrigante utilizada por los historiadores para etiquetar la expansión de los Estados Unidos en el siglo XIX, es solamente el otro lado de la medalla [...][7]

Luis de Onís, enemigo jurado de los movimientos de independencia de las colonias españolas, que contaba con toda una red de agentes a su servicio que le informaban de cada uno de los pasos que daban los revolucionarios en los Estados Unidos en su búsqueda de apoyo y reconocimiento, denunció en numerosas ocasiones la posición ambivalente tomada por los estadounidenses en relación con las luchas independentistas de la América española. Esta posición respondía, como dejaba ver Jefferson, a los intereses económicos y políticos que pensaban obtener de la separación de estas provincias. Este hecho puede notarse claramente en el espíritu que animó la resolución del Congreso de los Estados Unidos del 15 de enero de 1811 en relación a los territorios españoles limítrofes a este país y la lucha revolucionaria que recientemente había surgido en la Nueva España:

> Apreciando la peculiar situación de España y sus provincias y considerando la influencia que sobre la seguridad, la tranquilidad

y el comercio de los Estados Unidos puede tener el destino del territorio adyacente a la frontera meridional de este país, el Senado y la Cámara de Representantes de los Estados Unidos de América, reunidos en Congreso, resuelven:

Que los Estados Unidos, bajo las circunstancias peculiares de la actual crisis, no pueden, sin seria inquietud, contemplar el hecho de que alguna parte de dicho territorio pase a manos de cualquier potencia exterior; que una eventual consideración de su propia seguridad puede forzar a este país a promover, bajo ciertas circunstancias, *la ocupación de dicho territorio*. Al mismo tiempo, los Estados Unidos de América declaran que *dicho territorio permanecerá en sus manos sujeto a futuras negociaciones*.[8]

¡La suerte de las Floridas estaba sellada ocho años antes de su conquista!

Como consecuencia del contenido de semejantes resoluciones, los Estados Unidos trataron de lograr en varias ocasiones, a cambio de ayuda para su causa, la promesa de anexión por parte de los representantes de los movimientos insurgentes. Luis de Onís comunicaba a Venegas en 1812 el contenido de una conversación sostenida por el entonces secretario de estado Monroe con el insurgente mexicano Bernardo Gutiérrez de Lara,[9] en la que se prometían «armas, dinero y hombres» para la independencia de México a cambio de la adopción de una constitución similar a la estadounidense, como antecedente a una futura anexión a la confederación estadounidense. Telésforo de Orea, representante de los insurgentes venezolanos —informaba Onís— «ha dado a entender, que el gobierno americano le ha hecho, aunque indirectamente y con menos claridad la misma oferta, y está nada gustoso del proyecto de estos republicanos, cuya decantada moderación sirve solo de capa a la ambición extremada de la administración actual».

El general mexicano José María Tornel, combatiente en la independencia, se expresaba en términos similares respecto a los móviles reales del gobierno estadounidense en relación con los movimientos insurgentes:

> Era pues en interés esencial de los Estados Unidos apoyar con su ejemplo, sus consejos y auxilios eficaces la insurrección de la América española. Ella les facilitaba la realización de sus miras codiciosas, tanto por las simpatías que creaba, como por la debilidad que suponía de los efímeros gobiernos de las modernas asociaciones. Si proclama, si sostiene los derechos augustos de la libertad e independencia de las naciones; no es conducido por los nobles estímulos de una causa justa y santa; su interés es el que procura, sus adelantos los que solicita infatigablemente.[10]

Aunque los motivos que impulsaron tanto al conde de Aranda como a Luis de Onís a tratar de detener en alguna forma a ese «coloso», que crecía día por día, se basaban fundamentalmente en sus deseos de perpetuar el sistema colonial español, es sorprendente la capacidad de ambos para prever acontecimientos que, dentro de la lógica de las circunstancias de la época, pudieran tener lugar en lo futuro. No obstante, de poco valieron las advertencias y los consejos de los ministros españoles a la Corona con objeto de salvaguardar sus posesiones dos años después de que Onís protocolizara la pérdida de las Floridas, la mayoría de los movimientos por la independencia en América habían logrado establecer gobiernos nacionales, no sin que desapareciera el peligro de intervención por parte de los poderes coloniales europeos, y por parte de su joven, pero aventajado discípulo en América del Norte.

Ante estos antecedentes, no es de extrañar que el primer representante diplomático mexicano en los Estados Unidos, José Manuel Bermúdez Zozaya, enviase una nota al gobierno de México, el

26 de diciembre de 1822, en la que manifiesta sus recelos a causa de los planes agresivos del gobierno del norte:

> La soberbia de estos republicanos no les permite vernos como iguales sino como inferiores; su envanecimiento se extiende en mi juicio a creer que su capital lo será de todas las Américas; aman entrañablemente a nuestro dinero, no a nosotros, ni son capaces de entrar en convenio de alianza o comercio, sino por su propia conveniencia, desconociendo la recíproca. *Con el tiempo han de ser nuestros enemigos jurados, y con tal previsión los debemos tratar desde hoy* [...] En las sesiones del Congreso general y en las sesiones de los Estados particulares, *no se habla de otra cosa que de arreglo de ejército y milicias y esto no tiene sin duda otro objeto que el de miras ambiciosas sobre la Provincia de Texas.*[11]

El presidente de México, Guadalupe Victoria, en una entrevista sostenida con el agente británico, Patrick Mackie, le comunica a este que en su opinión los Estados Unidos eran «un pueblo ambicioso, siempre listo a saltar sobre sus vecinos, sin una sola chispa de buena fe».[12] Para estas fechas, la «colonia» encabezada por los Austin, establecida en tierras de Texas gracias a una autorización dada por las autoridades coloniales de la Nueva España y ratificada por los gobiernos posteriores a la independencia, crecía día por día en importancia numérica, en poder económico así como en la búsqueda del «conflicto» que le llevase a la separación política de México y su incorporación a los Estados Unidos. La primera fase de la conquista se había logrado: las condiciones estaban dadas para hacer exclamar al teniente José María Sánchez durante su viaje por las tierras ocupadas por los estadounidenses, «a mi entender de esta colonia ha de salir la chispa que forme el incendio que nos ha de dejar sin Texas...».[13]

Para 1830, basándose en los informes de la expedición dirigida por el general Manuel Mier y Terán a la provincia de Texas, el secretario de Relaciones Exteriores de México, Lucas Alamán —conspicuo representante de la clase en el poder, quien pocos años antes había pedido al gobierno estadounidense que retirara a su primer enviado plenipotenciario, el tristemente célebre Joel R. Poinsett, por su intromisión en los asuntos internos de México— denuncia en su informe secreto al Congreso, la política seguida por los Estados Unidos con objeto de apoderarse de cuanto territorio colindante había ambicionado, con tal constancia y uniformidad en los medios, que en todas las ocasiones había logrado los objetivos territoriales que se había propuesto. El informe de Alamán da cuenta de los métodos utilizados en este movimiento de expansión.

Uno de ellos era el de la adquisición «pacífica», o la ocupación gradual de un territorio sobre el que se declaraban supuestos derechos de propiedad por parte de «colonos» que, agrupados en número creciente y aprovechando una ocasión propicia, demandaban de su gobierno la posesión formal del territorio a que aspiraban y su anexión a la Unión, llegando, después de un juego diplomático, mezcla de amenazas y ofrecimientos de compra de la provincia «disputada», al fin deseado «de concluir una transacción tan onerosa por una parte como ventajosa para la otra». En otras ocasiones —continuaba diciendo Lucas Alamán— se utilizaban métodos menos sutiles, pero no por ello menos efectivos:

> A veces se recurre a medios más directos, y aprovechando el estado de debilidad, o las inquietudes domésticas del poseedor del terreno a que aspiraban, con los preceptos más exóticos se apoderan directamente del país, como sucedió con las Floridas, dejando para después el legitimar la posesión de que no hay fuerza para desalojarlos.[14]

A diferencia de Luis de Onís y del conde de Aranda, Lucas Alamán[15] no defendía los intereses de un poder colonialista, por el contrario, trataba de salvaguardar el legado territorial de una nación recién salida de la dependencia política colonial, distinguía perfectamente lo que significaba para una metrópoli europea el perder territorio fuera de sus fronteras, y para una nación en proceso formativo la pérdida de su integridad territorial, situaciones de naturaleza muy distinta:

> Los inmensos terrenos de que por medio de esas maniobras han sido despojadas las potencias de Europa que los poseían en nuestro continente *eran para ellos de un interés secundario: pero aquí* [refiriéndose a Texas] se *trata de atacar intereses de la nación, y México no puede enajenar ni ceder el más pequeño Departamento, sin desmembrar la integridad territorial misma de la República*, como lo hicieron la Francia y la España que se deshicieron de terrenos que poseían a largas distancias de sus respectivos países.[16]

A Lucas Alamán, considerado por muchos autores como una de las figuras más representativas del pensamiento conservador en esta época de la historia de México, le corresponde el mérito de haber expresado nítidamente, tanto en este informe como en su acción ministerial, el principio de la nacionalidad surgido de la experiencia revolucionaria estadounidense y de la Francia de la gran revolución burguesa de 1789. A un *conservador* le toca sostener, frente a la agresión extranjera, uno de los principios *liberales* que dan forma a las modernas naciones capitalistas. Como miembro de la clase dominante de un país que iniciaba a duras penas —en el contexto de la dependencia colonial, en contra de fuertes intereses regionales, desunión y luchas internas, y a pesar de la agresión externa— su proceso de consolidación nacional, hace de los intereses de su clase intereses nacionales, «da a su interés común una forma general».[17] Esta circunstancia le hacía ser perfectamente consciente de los valores económicos y estratégicos que para la *nación* tenían los territorios que los Estados Unidos ambicionaba; por esta razón se preguntaba en su informe al Congreso:

¿Se podrá desprender México de su propio suelo, y estará en sus intereses que una potencia rival se coloque en el centro de sus Estados, mutilando a unos y que otros queden flanqueados? ¿Podrá desprenderse de doscientas cincuenta leguas de costa en que tiene los medios para la construcción de buques, los canales más abreviados para el comercio y navegación interior, los terrenos más fértiles y los elementos más copiosos de ataque y defensa?[18]

Lucas Alamán, después de desarrollar su argumentación sobre el peligro que representaba la posible pérdida de Texas, propuso al gobierno de México una serie de medidas para evitar que tal hecho ocurriera. Sin embargo, los acontecimientos que siguieron —la rebelión texana, el final trágico de la campaña militar y la presencia de «caudillos» de la calaña de Santa Anna— anularon las tardías acciones del débil y dividido gobierno mexicano. Una vez más los temores de los ministerios de relaciones exteriores se hicieron realidad, estableciéndose —sobre la base de la «democracia» y del trabajo de miles de esclavos negros— la efímera República de Texas, un subterfugio más para encubrir el movimiento expansionista estadounidense.

Así, a poco más de una década de vida independiente, con la experiencia amarga del triunfo de la sedición estadounidense en Texas y con la perenne amenaza de nuevos actos de rapiña, el referido general Tornel hace un balance de la política seguida por los Estados Unidos en relación a la República de México, en términos enérgicos y sin la cortapisa obligada del lenguaje diplomático de sus predecesores:

El pensamiento dominante de los Estados Unidos de América ha sido por más de cincuenta años, es decir, desde el período de su infancia política, la ocupación de una gran parte del territorio antes español y hoy perteneciente a la nación mexicana.

Demócratas y Federalistas, todos sus partidos bajo sus antiguas y sus modernas denominaciones, han estado de acuerdo en procurar por todos los medios que suministra el poder, dirigido por la astucia, el dolor y la mala fe, el ensanche de los límites de la república, al norte, al sur y al mediodía. No es un Alejandro, o un Napoleón el ambicioso de conquistas para extender su dominio o su gloria, el que inspira a la orgullosa raza anglosajona ese deseo, ese furor de usurpar y dominar lo ajeno; es la nación entera la que poseída del carácter inquieto de los bárbaros de otro Norte y de otra época, la que arrolla cuanto se le opone en la carrera de su engrandecimiento [...] porque su derecho es su deseo y la justicia su conveniencia.[19]

II

El capital viene al mundo chorreando sangre y lodo
por todos los poros, desde los pies a la cabeza.

Carlos Marx

Las ideas expansionistas sustentadas por la clase dirigente de las primeras décadas de la república estadounidense, así como las acciones encaminadas a hacer realidad la expansión territorial —con gran claridad observadas por contemporáneos como los citados— deben ser consideradas fundamentalmente como la expresión de un proceso peculiarmente favorable de desarrollo capitalista.[20] El motor que pone en marcha el movimiento hacia nuevos horizontes geográficos no fue de ninguna manera el origen racial, étnico o religioso de los pobladores de las colonias inglesas recién emancipadas,[21] aunque todas las características de esta índole juegan un papel importante en las formas culturales, en los elementos de la superestructura adoptados por el sistema. Lo que mueve y determina el fenómeno de la expansión territorial, comercial y política se encuentra en el afianzamiento y desarrollo del sistema capitalista en los Estados Unidos. Tal como lo señala Harry Magdoff:

> [...] este expansionismo no es el resultado de alguna fuerza mística inherente en el carácter del pueblo americano. Por el contrario, la expansión fue esencial para el sistema social que se desarrollaba y para sus extraordinarias productividad y riqueza. La expansión juega un importante papel en cada etapa histórica y ayuda a moldear la estructura económica y el ambiente cultural resultantes, ambos a su vez, reforzando el impulso para una posterior expansión.[22]

Por otro lado, es evidente que las condiciones históricas del establecimiento de los colonos ingleses en norteamérica fueron determinantes en la posterior expansión capitalista de las trece colonias. Paul Baran señala nítidamente las características distintivas del establecimiento de los colonos europeos en la Nueva Inglaterra:

> [...] uno no puede distinguir suficientemente entre el impacto de la entrada de la Europa Occidental en Norteamérica (Australia y Nueva Zelandia) por un lado, y la «apertura» del capitalismo occidental de Asia, África y Europa del Este, por el otro. En el primer caso, europeos occidentales entran en un espacio más o menos vacío, y se *asientan* en aquellas áreas, estableciéndose como sus residentes permanentes [...] ellos vienen a las tierras nuevas con el «capitalismo en sus huesos» y no encuentran lo que pudiera llamarse resistencia [...] ellos tienen éxito en establecer en corto tiempo, en un suelo virtualmente virgen y excepcionalmente fértil, una sociedad indígena propia. Esta sociedad, desde sus principios, capitalista en su estructura, no abrumada por los frenos y las barreras del feudalismo, puede dedicarse por entero a desarrollar sus recursos productivos. Sus energías sociales y políticas no fueron socavadas por una lucha prolongada contra el dominio feudal, ni disipadas en

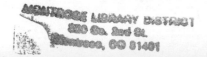

superar las convenciones y tradiciones de la edad feudal. El
único obstáculo para la acumulación y la expansión capitalistas
era la dominación extranjera. Aun así, con todo, de ninguna
manera libre de conflictos y tensiones internas de considerable
intensidad [...] las nuevas sociedades burguesas emergentes
fueron, en una etapa temprana, lo suficientemente cohesivas y
fuertes como para terminar con la dominación y crear un marco
político que les condujera al crecimiento del capitalismo.[23]
(*Subrayado en el original*).

La primera guerra anticolonial victoriosa que se registra en la historia, la guerra de las colonias inglesas por su independencia, no
fue solo un acto de separación política de su metrópoli europea,
significó también el establecimiento en el continente americano de
una nueva nación capitalista. Este proceso —al igual que el de la
colonización temprana— se efectúa en el contexto de condiciones
verdaderamente favorables: «...un momento histórico propicio, un
clima democrático, ausencia de una estructura feudal enraizada,
una eficaz política de promoción industrial, vastos recursos naturales, una población creciente y laboriosa y de un nivel de preparación relativamente alto, y un rápido avance tecnológico...».[24]

Es precisamente durante la guerra de independencia estadounidense que se establecen las bases fundamentales para el pleno
desarrollo económico de la nueva nación, dentro del marco del
capitalismo mercantilista que Inglaterra había implantado en sus
colonias americanas.[25] La guerra rompe con las restricciones bri-
tánicas impuestas al comercio, abre las puertas a las manufactu-
ras domésticas al cesar los lazos comerciales con la metrópoli, y
transforma el sistema de la propiedad de la tierra. En esta forma,
en pocos años y no sin dificultades, se logra la creación de un organizado y protegido mercado nacional, la participación creciente en el mercado mundial, el desarrollo de la industria y de las
comunicaciones, y el paso al régimen generalizado de propiedad

individual sobre la tierra. Durante la guerra se acumulan grandes fortunas en operaciones comerciales de gran envergadura, en la especulación en gran escala de divisas y títulos de crédito, y en el aprovisionamiento de los ejércitos.[26] La tierra, que el Estado cede a manos privadas para su manejo, al terminar los derechos señoriales de la corona inglesa, es fuente de grandes especulaciones por parte de individuos poderosos o compañías que acaparaban grandes extensiones de terrenos para su venta a particulares.

Este proceso que tiene lugar en los Estados Unidos desde antes de la guerra de independencia, que es fuertemente estimulado por la misma y que cobra gran fuerza con la implantación de la república, no es otro que el denominado por Marx *acumulación originaria de capital*, fenómeno que consiste en la creación, en la concentración del capital requerido por las empresas capitalistas en formación para obtener medios de producción y adquirir mano de obra, y la separación de estos de sus propietarios originales liberando fuerza de trabajo.

Mediante este proceso se ponen las bases para un rápido desarrollo del sistema capitalista: la existencia creciente de trabajadores asalariados, carentes de medios de producción y la acumulación de grandes sumas de dinero y medios de producción en manos privadas. Para Marx la acumulación originaria de capital implicaba por lo tanto un proceso de proletarización, por un lado, en tanto que por el otro consistía en la concentración de riquezas en pocas manos, circunstancias que encontramos en su forma «clásica» y en los siglos que precedieron a la Revolución Industrial inglesa, así:

El proceso que engendra el capitalismo solo puede ser uno; el proceso de disociación entre el obrero y la propiedad sobre las condiciones de su trabajo, proceso que de una parte convierte en capital los medios sociales de vida y de producción, mientras de otra parte convierte a los productores directos en obreros asalariados. La llamada acumulación originaria no es, pues, más que el proceso histórico de disociación entre el productor y los medios de producción.[27]

Es muy importante para nuestro tema destacar una característica inseparable del proceso de acumulación capitalista en aquellos lugares en donde se dieron las condiciones para su pleno desarrollo: este proceso trae consigo la destrucción de formaciones precapitalistas, implica la progresiva destrucción de la economía natural y de la economía mercantil simple. El desarrollo de la acumulación capitalista trae en sus entrañas la búsqueda constante de colonias para su explotación, campos nuevos de inversión y de obtención de materias primas, grupos crecientes de consumidores y de asalariados.

En el fenómeno de la acumulación de capital encontramos la raíz del sistema capitalista, que se transforma en el colonialismo y el imperialismo, el móvil determinante de la expansión de las metrópolis capitalistas y la necesidad de mantener el subdesarrollo de las colonias, grupos «marginales», o zonas de influencia de estas metrópolis. La comprensión de esta interrelación inseparable entre el desarrollo y el subdesarrollo, es lo que llevó a Rosa Luxemburgo a afirmar que vista en una perspectiva histórica, la acumulación capitalista es una especie de metabolismo entre los modos de producción capitalista y precapitalista.[28] Esta interrelación, no debe hacernos perder de vista que el factor determinante del desarrollo de las metrópolis capitalistas debemos situarlo en las fuerzas internas de esas sociedades, en el desarrollo de sus fuerzas y medios de producción, en la explotación de la clase obrera de esos países.[29]

El situarnos dentro de la perspectiva teórica que ofrece el marxismo en el tratamiento de la acumulación capitalista nos permite entender el fenómeno de la expansión estadounidense, la destrucción de las economías indígenas, la desaparición física

de tribus enteras al no poder ser utilizados sus miembros como
asalariados o consumidores. Esta categoría nos da la clave para
comprender la expansión hacia las zonas periféricas del territorio
original estadounidense y la adquisición de una «colonia» (el norte
de México), posteriormente integrada como parte del territorio
«nacional» de los Estados Unidos.[30]

La autosuficiencia económica del país por medio del incremento de la producción doméstica y de una balanza favorable en el comercio internacional, así como la insistencia en impulsar la industria y controlar los mercados de exportación y fuentes de materias
primas, fueron las «preocupaciones» de los primeros años de vida
económica independiente. El «aislamiento provechoso» enunciado
por Washington en su mensaje conocido como «Farewell Address»
contiene las directrices económicas y políticas productos de las
primeras experiencias de los hombres de Estado norteamericanos.
El fomentar relaciones comerciales mientras se mantienen las mí-
nimas conexiones políticas posibles —que aconsejaba Washington
en el citado mensaje— significaba el postulado pragmático de un
nacionalismo xenófobo en expansión. El «Farewell Address» opina W.A. Williams:

> [...] Formuló una respuesta bipartidista al problema de una
> estrategia básica [de la base dirigente de Estados Unidos]. La
> solución fue construir un imperio comercial [...] como medio de
> evitar la participación política en el sistema europeo, mientras
> que se mantenía la completa libertad de acción para asegurar y
> desarrollar un imperio continental en el Hemisferio Occidental.
> La proposición de Washington fue clásicamente simple: jugar
> una posición de poder provista por el bienestar económico
> básico y la localización geográfica de Estados Unidos, con el
> objetivo de sobrevivir de una debilidad inmediata y surgir
> como un poder mundial.[31]

En esta etapa del desarrollo capitalista, la preocupación de sus líderes se centraba en consolidar una unidad interna, en afianzar un sistema económico sin interferencias políticas externas para una vez logrados estos objetivos avanzar hacia un destino manifiesto de predominio mundial. De esta manera, ante el rápido desarrollo del sistema capitalista estadounidense, la expansión en todas sus formas, se convierte en el camino que es preciso seguir, en la guía política y de la acción económica de la época y de las que vendrían después: «La esencia del carácter del organismo social de Estados Unidos que ha determinado sus destinos —modificado y adaptado, seguramente, en reacción a los eventos accidentales y a fuerzas históricas complejas— ha sido su persistente urgencia de expandirse».[32]

Se hacía por ello «necesaria» la búsqueda de nuevos mercados que abrirían nuevas perspectivas a una industria en rápido desarrollo derivados del fenómeno de la creciente concentración y centralización del capital; hacían falta nuevas áreas geográficas donde invertir el capital y una mano de obra siempre creciente. A este respecto es importante destacar la importancia fundamental que en el desarrollo capitalista de los Estados Unidos tuvo la inmigración de millones de personas provenientes de todos los continentes; la cantidad y la calidad de la mano de obra inmigrante fue fundamental para la industria, y en general, para todas las ramas de la economía.[33]

Las necesidades del capitalismo en aquella fase que va de la libre competencia al monopolio, a nivel mundial, constituyen el telón de las elaboradas declaraciones de democracia y libertad sostenidas como la justificación de la expansión capitalista que se vuelve imperialista. Esta continua dicotomía entre «democracia» y esclavitud, entre «igualdad» y racismo, entre «autodeterminación» y la cadena de invasiones, cuyo recuerdo más reciente es la República Dominicana, es quizás la característica —en el aspecto ideológico — que más distingue a la política de los Estados Unidos cuando se le compara con otros sistemas precapitalistas. Esta contradicción entre el principio democrático enarbolado por los ideólogos, y las acciones agresivas efectuadas por los gobiernos, había sido agudamente notada por Simón Bolívar y expresada brevemente en su famosa frase: «Los Estados Unidos parecen destinados por la Providencia para plagar a la América de miserias en nombre de la libertad».

III. Expansionismo territorial

> *¡Nuestro México, nuestra patria; virgen que dormía*
> *en su casto lecho de flores, sin que el brazo impuro*
> *del invasor la hubiera ceñido como a una ramera,*
> *y celebrado su deshonra como un triunfo!*
>
> Manuel Payno, Guillermo Prieto
> y otros (1848)

De lo expuesto hasta este momento podemos destacar las conclusiones para nosotros esenciales del movimiento expansionista de los Estados Unidos, así como precisar aquellas inferencias importantes sobre este fenómeno:

a) El movimiento por la adquisición de nuevos territorios se inicia desde el triunfo de la República Federal estadounidense y es continuado por las clases dirigentes de este país a lo largo de todo el siglo XIX hasta su culminación en la guerra contra España en 1898 y la adquisición de las Filipinas, Puerto Rico y otros territorios, ya en la etapa propiamente imperialista. Esto significa que es necesario relacionar más estrechamente el fenómeno y los períodos de expansionismo territorial con el establecimiento del imperialismo estadounidense, pues existe la tendencia a observarlos aisladamente, a negar cualquier conexión entre ambos o simplemente a ignorar esta época tan importante en el desarrollo capitalista de los Estados Unidos.

b) El expansionismo centra sus ataques en las barreras más débiles,[34] por lo tanto la dirección que el movimiento tomó hacia el sur y hacia el oeste, hacia el despojo de las tierras pertenecientes a los grupos indígenas, al imperio español, y a la joven República de México.[35]

c) Ese movimiento expansionista aspiraba estratégicamente, a la conquista de todo el continente, al predominio económico, político y militar de los Estados Unidos sobre los pueblos de América. El objetivo territorial inmediato, ya definido desde principios del siglo XIX, era la adquisición de las Floridas, la Louisiana, Texas, el norte de México hasta el Pacífico,[36] incluyendo el puerto de San Francisco, e, ¡histórica ironía!, la isla de Cuba, considerada por Adams como la «fruta» que inevitablemente caería en el Edén estadounidense. Estas aspiraciones y proyectos —muchos de los cuales fueron cumplidos al pie de la letra— son las bases de la llamada Doctrina Monroe y, en general; este es el contexto en el cual deben ser observadas las relaciones de los Estados Unidos con las demás naciones de América Latina.

d) El movimiento expansionista no encuentra una resistencia seria en el logro de sus objetivos hasta que aparecen en su camino las tierras de la República de México, provocándose la guerra de 1846–48. De los elementos aquí esbozados cabe concluir que esta guerra no podía tener —por sus objetivos y sus resultados— otro carácter que el de *conquista*, y que el papel de México, en tal suceso, es el del agredido, en tanto que a los Estados Unidos corresponde, a todas luces, el del agresor.[37]

e) En los pensadores de la época hay una clara visión del movimiento expansionista estadounidense; se conocen bien sus fines, métodos y justificaciones, supuestamente democráticas y liberales.

Ahora bien, cabe preguntarse acerca de la razón por la cual México constituye una barrera de contención al expansionismo lo suficientemente poderosa como para provocar una guerra de las dimensiones y de las características de la de 1846–1848. ¿Cuáles fueron los elementos que tornaron inútiles los métodos empleados por el movimiento expansionista para la adquisición de la Louisiana, las Floridas, Oregón? ¿Por qué fue necesario que en el poder de los Estados Unidos se viera obligado a utilizar el medio extremo de la contienda armada para lograr sus objetivos territoriales?

El análisis de las condiciones socioeconómicas de los acontecimientos históricos, la lectura de las obras de los pensadores de la época, pueden ofrecernos la clave para comprender una de las causas fundamentales por la cual la clase dirigente de México no cedió los territorios que el expansionismo ambicionaba, en las innumerables ocasiones en que Poinsett, y otros agentes estadounidenses hicieron proposiciones de compra de los mismos. También nos ayuda a comprender por qué solo una guerra de conquista haría posible lo que ofertas monetarias, provocaciones, y amenazas no lograron.

No se trataba de lograr periódicas campañas de exterminio sobre poblaciones indígenas aisladas o inermes, con el objeto de posesionarse de sus tierras, como fue el caso de la política genocida de los Estados Unidos para con las tribus indígenas de Norteamérica; tampoco de la compra afortunada de provincias enteras, extensiones inmensas, aventureros en busca de fondos económicos necesarios para sufragar sus gastos de guerra en el continente europeo; ni del despojo a mansalva de los restos de un imperio en decadencia. En el caso de México, era una *nación* dirigida por un grupo heterogéneo, compuesto por hombres de las más variadas denominaciones políticas, liberales y conservadores, de calidades morales que iban desde la honradez de un Mier y Terán hasta la corrupción inaudita de un Santa Anna, todo un conjunto de individuos de la clase dirigente, y grandes sectores de la población, que poseían una idea un tanto confusa respecto a sus intereses de clase, concientes solo en cierto grado de que *todos ellos formaban un conglomerado nacional, una patria, una nación, cuyo legado territorial no estaba en venta.* El principio de la nacionalidad, el derecho a establecer un Estado nacional con un territorio históricamente formado y carácter indivisible, se impuso por sobre todas las traiciones y los oportunismos para ofrecer una resistencia armada al invasor.

Al enfrentarse los Estados Unidos por primera vez en su camino expansionista a ese conglomerado que —aunque en formación— poseía un *carácter nacional*, provocó una guerra, cuyo objetivo de conquista estaba implícito. México demostró, aún en la derrota, que el principio de la nacionalidad no era un privilegio exclusivo de los estadounidenses y de las metrópolis colonialistas europeas, las cuales no tenían el menor propósito de reconocer este derecho en sus colonias y en los pueblos débiles, sujetos a la dominación exterior. Es por ello que solo la fuerza de las armas podía hacer realidad el viejo sueño de los «Padres de la República»: la consolidación de la joven democracia burguesa en un territorio transcontinental.

En esta forma, la guerra de 1846–1848 fue un paso más de un proceso continuado e ininterrumpido de expansión territorial. Fue un conflicto armado en el que dos fuerzas opuestas tienden a enfrentarse por un lado, un rápido proceso de desarrollo capitalista acompañado y estimulado por un agresivo movimiento de expansión territorial y una masiva inmigración, y por el otro, el temprano y debilitado desarrollo de la consolidación nacional de la República de México en un contexto de dependencia económica. Así:

> El incipiente capitalismo nacional no solo se desenvuelve, desde luego, frente a obstáculos internos a menudo difíciles de superar, sino que se enfrenta a dos enemigos cuyo poder se ha fortalecido grandemente: el comercio británico que, sostenido en una moderna industria en rápido proceso de desarrollo, invade los viejos dominios españoles en América y los Estados Unidos; que en plena e incontenible expansión territorial nos despoja primero de Texas y pocos años después de medio territorio, en un momento en que la burguesía norteamericana inicia la ofensiva que, hacia fines del siglo, culminaría en la integración de un vasto imperio.[38]

La debilidad de los lazos nacionales, la etapa formativa del fenómeno nacional, las profundas contradicciones entre los intereses «nacionales» y los de las castas, grupos e individuos aventureros, marginalización social y política de amplias capas de la población, la falta de comunicaciones y aislamiento geográfico, el desarrollo embrionario de la conciencia nacional en el pueblo; todos estos factores ligados íntimamente, y en última instancia determinada por el precario desarrollo del capitalismo en México, pueden ayudar también a comprender la relativa facilidad de la conquista y ocupación, la traición a la lucha popular de importantes sectores de la clase en el poder, la desconfianza de los dirigentes a la utilización más extendida de la guerra de guerrillas, que había demostrado su eficacia contra la soldadesca enemiga, estos factores pueden arrojar luz para explicar el porqué de la derrota tan contundente, y de la claudicación apresurada de las clases dirigentes. La etapa histórica en la que se encontraba el proceso de formación de la nación mexicana en el momento en que los estadounidenses aparecen en nuestras fronteras fue decisivo para determinar los factores internos que hicieron posibles tanto la resistencia como la derrota de nuestro pueblo. Para entonces, varias estrellas más, símbolos de otros tantos despojos ondeaban en el pabellón de los Estados Unidos, y más de cien mil compatriotas iniciaban el penoso camino de la creación de Aztlán.

Capítulo II

Vicisitudes del establecimiento del poder estadounidense en las provincias mexicanas

¡Avancen nuestras armas con un espíritu, que enseñará
al mundo que si bien no buscamos pendencias,
los Estados Unidos sabemos aplastar y desplegarnos!

Walt Whitman

Hasta las rodillas tengo el fango,
el azadón puso callos duros en mis manos,
haciendo rico al anglo,
y el tratado de Hidalgo es sucio papel
roto en que la promesa también se rompe,
y traiciona:
mi tierra se ha perdido después de saqueada
...me han bañado con estiércol de explotación
y marcado con el color de la discriminación.

Rodolfo "Corki" González

El establecimiento de los estadounidenses en el suroeste, en las décadas que siguen a la terminación de la guerra de 1846–1848, con la firma del Tratado de Guadalupe Hidalgo ha sido ampliamente descrito, tanto desde el punto de vista de los nuevos conquistadores, como —en mucha menor extensión— de los conquistados. Existen numerosos diarios de viajeros, militares, exploradores y comerciantes que relatan sus experiencias en tierras del «lejano Oeste».[1] Tenemos memorias, novelas[2] de quienes de una u otra forma estuvieron relacionados con la conquista y explotación de los nuevos territorios, así como gruesos volúmenes de documentos oficiales, informes de autoridades civiles y militares que dan cuenta de diferentes aspectos de la vida de los años iniciales del poder anglo. Así, también en décadas recientes se han escrito numerosos artículos, detalladas monografías y algunas obras generales que se han dedicado a la investigación de los acontecimientos más significativos de la conquista angloamericana de cada una de las regiones más importantes que por circunstancias geográficas, históricas y económicas, pueden constituir las divisiones «naturales» de lo que, en el México del siglo XIX, era conocido como las provincias norteñas: Alta California, Sonora, Nuevo México y Texas.[3]

A pesar de la abundancia de material y proliferación de los trabajos académicos sobre el tema, no es sino hasta la publicación de la obra de Carey McWilliams en 1949, *Al Norte de México*, que esta maraña de hechos aislados de crónicas regionales, memorias populares, tradiciones y mitos, cobran forma y podemos apreciar en amplitud y profundidad la historia de un conflicto secular y la vida cargada de sufrimientos de un pueblo explotado y discriminado.

Por estas razones, el objetivo del presente capítulo, así como del estudio en general, no es el de reseñar cada una de las vicisitudes de la llegada de los estadounidenses al norte de México, ni dar cuenta precisa de personajes, fechas o episodios que, sin dudas tienen interés para la tendencia historiográfica. *Lo que intentamos fundamentalmente es destacar aquellos factores relevantes y esenciales que puedan explicar la dinámica del fenómeno histórico; analizar las fuerzas que actúan en los procesos sociales para descubrir la naturaleza de las relaciones que se establecen entre el estadounidense y el núcleo original de la población mexicana.* Para ello quisiéramos señalar brevemente aquellos más importantes que intervienen en la colonización española, las características del período que se inicia con la Independencia de México, así como el carácter de los cambios ocurridos con la conquista de los territorios y el establecimiento del poder estadounidense.

Las provincias del norte de la Nueva España

El desarrollo de la colonización española de los territorios del actual suroeste estadounidense se vio afectado tanto por las características culturales de los grupos chichimecas[4] que habitaban estas regiones, como por las condiciones geográficas y el ambiente ecológico de las mismas. Ante esta realidad del septentrión novohispano, fue determinante para el proceso de conquista y colonización la dinámica misma del sistema socioeconómico que España impuso en sus posesiones de América.[5]

El nomadismo de la gran mayoría de los grupos indígenas que vivían fuera de las fronteras mesoamericanas determinó la existencia de dos obstáculos difíciles de ser superados por los incansables buscadores de «ciudades de oro»: la carencia de una abundante mano de obra —fundamental para el sistema español de servidumbre indígena— y el ataque incesante de los indios contra la avanzada septentrional del colonialismo ibero.

El carácter nómada de las tribus indígenas, su resistencia indoblegable ante el intruso europeo, impidió implantar lo que en el resto de la Nueva España constituyó la base misma del asentamiento español: *la explotación del trabajo indígena*. La conquista española se efectuó con la fuerza de dos elementos íntimamente relacionados, el poder de las armas y el de la religión. Al primer encuentro de la subyugación militar del indio, siguió el proceso de su subyugación espiritual: «sometido» en su rebeldía[6] y «redimido» de sus antiguas creencias, dominado y cristianizado, era preparado para cumplir su «misión» esencial en esta tierra: constituir la principal fuente de mano de obra, sustentadora de la vida y riquezas de la «República de españoles». Esta relación de explotación se efectuó a lo largo del régimen colonial bajo situaciones y formas diversas, pero sin cambiar su carácter esencial: la servidumbre indígena; más tarde se instituye el repartimiento y comercio desigual con la comunidad:

> [...] las unidades básicas son la estancia, la hacienda, el taller artesanal, el obraje, la mina. Los ingresos de las clases dominantes provienen del trabajo excedente de los trabajadores indios de encomienda o repartimiento, los esclavos, los asalariados libres, los peones y la explotación comercial de la comunidad y el pequeño productor. Toman la forma de renta ganancia.[7]

En la región norte de la Nueva España, a excepción de los del pueblo de Nuevo México y otros grupos aislados, los indígenas no habían alcanzado los niveles de las altas culturas mesoamericanas. Tampoco existía predominio tributario de uno sobre otros, factor que facilitó el establecimiento de un poder europeo «superpuesto» sobre las huellas de la variante americana del Modo de Producción Asiático.[8] La mayoría de los del centro y del sur de México, pasaron directamente de la dominación que los mexicanos ejercían sobre ellos, a la de los nuevos conquistadores europeos. Por estas razones, el español se vio constreñido a seguir primeramente en sus afanes de colonización los límites marcados por el desarrollo de las civilizaciones mesoamericanas. No obstante, estas limitaciones de los primeros tiempos de la conquista, los españoles avanzan y se consolidan en las regiones chichimecas debido principalmente al estímulo constante que ofrecía la búsqueda de oro y plata, así como por el interés fundamental de la corona de precisar y salvaguardar la extensión y límites de sus dominios hacia el norte de la Nueva España, «...en la Península no se perdía de vista la protección amplia y general a las fronteras imperialistas».[9]

Otros factores que constituyeron un serio obstáculo a la expansión española hacia el norte fueron, la lejanía de los territorios con respecto al centro del virreinato, la extensa superficie que ocupaban, la gran aridez de sus tierras, los vastos desiertos que les separaban de las zonas pobladas más próximas de la Nueva España. Estas características condicionaban el carácter marginal de las provincias norteñas, dificultando el poblamiento, comunicaciones, comercio y control político-militar por parte de los gobiernos centrales. Aun así, no es posible exagerar el aislamiento y la marginalidad de estas regiones al grado de negar la unidad y las conexiones de las mismas con el general del virreinato y más tarde con el de la República de México. A pesar de las barreras a la colonización ya señaladas, se establece un sistema socioeconómico y cultural *inseparable del resto de la Nueva España.*

Se insiste demasiado —como justificación a la conquista estadounidense o interpretación simplista— sobre el aislamiento de estas tierras y el abandono que el poder central manifestó, tanto bajo el gobierno colonial como bajo la república. Se deja ver una cierta tendencia al determinismo geográfico en la interpretación histórica que insiste en dar una excesiva importancia a ríos, montañas y desiertos en el análisis del fenómeno cultural. Matt S. Meier y Feliciano Rivera afirman, por ejemplo, lo siguiente:

> El factor más importante que afectó el desarrollo de las instituciones y de las actitudes en todas las regiones de la frontera norte de México fue incuestionablemente el conjunto de patrones de asentamiento y su aislamiento tanto con respecto del México central, como entre una y otra. Este aislamiento afectó adversamente el compuesto de las actividades humanas, desde sociedad a gobierno, y junto con la inestabilidad política del gobierno en la capital mexicana, dio pie al cambio más grande y dramático de la historia de la frontera norte, la pérdida del área a los Estados Unidos.[10]

Las concepciones que desembocan en las conclusiones a las que llegamos en el primer capítulo no nos permiten estar de acuerdo con este tipo de interpretaciones. Durante el gobierno colonial por ejemplo, no se toma en cuenta el análisis histórico, el lento pero eficiente sistema de transporte y comunicaciones traído junto con los animales de carga de una España con un ambiente ecológico similar al del norte de México. McWilliams señala:

> [...] mucho antes de que las líneas de ferrocarril fueran cons-truidas, los españoles y los mexicanos habían organizado un elaborado sistema de recuas que funcionaba a través de las interminables veredas trazadas por los conquistadores. En tiempos pasados, los famosos Carros del Rey hacían el largo viaje de la ciudad de México a Santa Fe, de Santa Fe a Veracruz, acarreando mercancía, abastecimientos y plata de las minas. Atravesando en cruz los desiertos y cadenas de montañas, estas recuas constituyeron, hasta por 1880, el medio principal de transporte de mercancía a las ciudades, de abastecimientos para las guarniciones militares y de correo. El tañido del cencerro de las recuas se oía por todo el oeste, hasta que el silbido de la locomotora comenzó a dejar oír su eco en los pasos de las montañas y los cañones.[11]

Tampoco se ha tenido muy en cuenta el férreo centralismo político, económico y religioso de la administración colonial, el control constante ejercido sobre las provincias por medio de «visitadores» y otras formas de inspección. Los lazos económicos, políticos y culturales que existían entre el norte del virreinato y el resto de la Nueva España, no eran ciertamente tan estrechos y continuos como los que mantenían entre sí las provincias del centro, pero también es verdad que sobre la base de la relativa esporacidad del contacto no es posible concluir la inexistencia del mismo o disminuir su importancia, tampoco ignorar las relaciones sociales de producción y sus consecuencias. No negamos el papel que el aislamiento y la marginalidad jugaron, pero consideramos que la insistencia en este factor puede llegar al extremo de observar a las regiones norteñas como sociedades «cerradas» con una dinámica propia de desarrollo. Estas fueron parte de la Nueva España y de México en el momento en el que los estadounidenses se aproximaban a las fronteras septentrionales. Estos territorios se encontraban ligados a un sistema único o predominante de relaciones sociales, todo ello a pesar de la evidente particularidad regional.

Después de innumerables intentos de colonización llevados a cabo por iniciativa de las autoridades coloniales y bajo el ataque continuo de las tribus, los españoles, los indios sedentarios traídos del centro de México, los mulatos, mestizos y demás «castas» que constituían esa amalgama de razas y culturas que poco a poco irían dando una forma peculiar a la nacionalidad mexicana,[12] logran establecer —desde finales del siglo XVI y durante los siglos XVII y XVIII— bases firmes de colonización en Nuevo México y California, así como establecimientos de escasa población en Texas y Arizona. Así se inicia la «españolización» de las tierras fronterizas en el mismo instante en el que comienza la «mexicanización». Se introducen reses, caballos, cerdos y gallinas, así como instrumentos y técnicas agrícolas, incorporándose a su vez las innovaciones de la experiencia indígena. En las misiones se siembran los primeros árboles frutales, naranjas, manzanas, uvas, etc.; se introducen el arroz, la caña de azúcar y el algodón. Las semillas mexicanas de algodón son llevadas en 1806 al sur de los Estados Unidos, produciendo un impacto económico por su calidad y tamaño. Los españoles traen también consigo a las provincias internas la minería y técnicas del trabajo con minerales, textiles y artesanías en general. Además, imponen sus instituciones políticas, jurídicas y administrativas, su idioma y cultura, «dándoles un carácter imborrable a las tierras que el expansionismo estadounidense ambicionó más tarde».[13]

Es de destacar el hecho de que los estadounidenses no se establecen en un «vacío» cultural, económico y social. No llegan al norte de México —de ninguna manera— a iniciar la esforzada vida de los «pioneros» de una tierra virgen. Como hemos mencionado, la pauta más importante de las actividades estaba ya dada. Más que a cumplir la anunciada misión civilizadora que el destino manifiesto enarbolaba, el anglo viene a las tierras mexicanas a aprender las técnicas y métodos de actividades por él no practicadas —como fue el caso de la minería, la agricultura de zona árida y la labor del vaquero. Es necesario recordar siempre que el anglo se establece en el actual suroeste sobre la base de siglos de experiencia indio-española-mexicana. Este hecho se hacía notar —en forma singular— por el periódico *El Tiempo*, de la ciudad de México, en 1846:

> Nosotros no somos un pueblo de mercaderes y aventureros, hez y desecho de todos los países, cuya misión es la de usurpar las tierras de los miserables indios, y *robar después los terrenos fértiles abiertos a la civilización por la raza española*... *somos una nación formada hace tres siglos*, no una agregación de pueblos de costumbres diferentes.[14]

La significación de los aportes de la herencia indio-española-mexicana para el desarrollo del actual suroeste no radica solamente, en reconocer su valor como la «contribución» al *melting-pot* de la imposición étnica «estadounidense», también es de destacar la continuidad de la presencia de un grupo en una región determinada, su apego y raíces para con la tierra que ha transformado con su trabajo de siglos; y ante todo, *definir la naturaleza de la ocupación anglo de estas tierras, precisar su carácter esencial de conquista.*

Por otro lado, al mismo tiempo que el sistema colonial español introdujo los cambios mencionados en la técnica, actividades económicas y cultura en general, se establece —al igual que en el resto de la América española— un conjunto de relaciones de clase basado en la explotación de la gran mayoría de la población. Tal como lo mencionamos en *Los Chicanos*, en el norte de la Nueva España nos encontramos fundamentalmente, aunque con algunas diferencias regionales:

> [...] con una división clasista en donde estaban agrupados por un lado los poseedores blancos y por el otro la gran mayoría de los desposeídos: indios, mestizos y mulatos sujetos a una rapaz explotación en los campos, en las minas, en los ranchos agrícolas y ganaderos, en las urbes en formación, realizándose un proceso cultural de amalgama, de adopción de patrones de las culturas indias, sedentaria y nómada, con elementos españoles, a criollos y mestizos, conformándose una realidad distinta a los orígenes aislados y con características de un sello muy particular [...] la base de las relaciones sociales se establece de acuerdo con la entidad jerarquizante del peonaje. La dicotomía peón-patrón lo dominaba todo. La familia y en general cualquier institución reflejaba esta división determinante, apoyándose entre sí el cura, el patrón y el jefe de familia. Todas las instituciones estaban firmemente unificadas en cuanto a conservar el estado de cosas existentes. La iglesia gozaba de preponderancia en el poder, no solo para embrutecer a los indios con el opio de la resignación y la pasividad, sino también en la explotación económica a través de las retribuciones, el diezmo y otras descaradas extorsiones.[15]

De las reflexiones hechas hasta este momento sobre el septentrión novohispano podemos resumir lo siguiente:

a) Las provincias del norte son colonizadas a pesar de la existencia de los serios obstáculos que constituían las características culturales y ecológicas de la región.

b) No obstante su relativa marginalidad y aislamiento, formaban parte del sistema único de relaciones socioeconómicas del virreinato.

c) Los españoles traen formas nuevas de explotación de la naturaleza, imponiendo su cultura, idioma y religión; sufriendo estos elementos a su vez, los cambios y adaptaciones, productos del enfrentamiento a la realidad americana y al contacto cultural con los indígenas nómadas y sedentarios.

d) La colonización española establece un sistema socioeconómico que se fundamenta en la existencia de una rígida división en clases sociales, apuntalada por la división de la población basada en el origen racial.

e) La ocupación de estos territorios por generaciones da una continuidad ininterrumpida a la presencia de un grupo dentro de una región geográfica determinada.

f) La colonización va conformando en las tierras del norte, del sur y del centro del virreinato la unidad lingüística; cultural y económica que va integrando el conjunto de características peculiares de la nacionalidad mexicana.

Las provincias del norte del México independiente

La guerra revolucionaria de 1810 a 1821 en México significó el fin de más de tres siglos de dominación colonial, y el establecimiento de un Estado nacional políticamente independiente. Lo que estimuló el desarrollo de las condiciones objetivas y subjetivas para la formación de la nación que deviene en capitalista, en un proceso que se efectúa durante todo el siglo XIX y parte del XX, y los hechos más importantes fueron: la guerra de conquista de los Estados Unidos de 1846–1848, el movimiento de reforma, la guerra civil, la intervención francesa de 1854–1867 y la Revolución democrático-burguesa de 1910–1917. Naturalmente, la dictadura de Porfirio Díaz juega un papel fundamental en este proceso de integración nacional, en el desarrollo del capitalismo como sistema dominante.

La obtención de la independencia política consolidó las condiciones para el desarrollo capitalista de México, que a su vez fundamentó importantes cambios en el sistema de relaciones jurídicas: se proclamó: «La igualdad de todos los ciudadanos ante la ley, la supresión del impuesto *per capita* y del trabajo obligatorio de los indios, y, más tarde, la abolición de la esclavitud... [contribuyendo] a la liquidación de la división artificial de la población en grupos raciales, puesta en práctica por los colonizadores».[16]

El movimiento de independencia a pesar de estos logros y ser iniciado por amplias capas del pueblo, fue debilitándose durante el transcurso de la lucha hasta caer bajo la dirección de los elementos más conservadores, proclamándose la independencia bajo la iniciativa de los mismos grupos que habían combatido ferozmente contra los insurgentes. Por estas razones y porque el movimiento mismo no se lo propuso, la independencia no condujo a un cambio revolucionario de la estructura económico-social de México, fue una revolución política, no social, perdurando los latifundios, el predominio del clero, el lento desarrollo de la agricultura y la industria, subsistiendo con todo ello, la explotación de los campesinos y trabajadores en general, particularmente la de los indios, quienes siguieron encadenados al peonaje y otras formas precapitalistas de explotación. Francisco López Cámara nos hace notar cómo, a pesar de la independencia:

> La propiedad del suelo en México conservaba aún las mismas características que predominaban durante el largo período

colonial, desde luego, el sistema de las haciendas apenas había sido alterado; sus pocas modificaciones eran de tal naturaleza, que tendían más bien a acentuar el volumen y la extensión de esta forma tradicional de la propiedad rural.[17]

Por estos motivos determinantes el movimiento de independencia no repercutió mayormente en Texas, California y Nuevo México en los años inmediatos a su consumación. Numerosos autores —entre los que se cuenta el del presente estudio— erróneamente interpretábamos este hecho como un producto más del factor mencionado con anterioridad, del aislamiento de las provincias norteñas con respecto al centro de la república. Un análisis más a fondo nos lleva a concluir que no hubo cambios notables en estas provincias en los años inmediatos a 1821, no tanto por su lejanía de la efervescencia revolucionaria sino *por la naturaleza misma del movimiento de independencia*. Los cambios políticos obtenidos con la consumación de la independencia no logran resquebrajar los cimientos estructurales implantados por la colonia, por lo que difícilmente se dejan sentir los efectos causados por la sustitución de grupos en el poder, no ya en las provincias de la periferia, sino también en las demás regiones del país.

No obstante este estado de cosas, la independencia política de España acelera las perspectivas de cambio.

> [...] se agudizan las contradicciones entre las diferentes clases y las capas sociales intermedias de la sociedad mexicana. El campesinado, los pobres de la ciudad, la pequeña burguesía, los representantes de los círculos comerciales a industriales, el bajo clero, los intelectuales liberales, aspiran aunque en diferente grado, a la realización de reformas económico-políticas [...] [por otro lado] [...] los terratenientes, el alto clero, la casta militar y los representantes de las clases privilegiadas tratan de conservar la situación existente [...][18]

Estas contradicciones estimulan el surgimiento de fuerzas sociales que tratan de alcanzar el poder del Estado e imponer las formas políticas y programas económicos más de acuerdo con sus intereses particulares. De esta manera se inicia un período de profundas divisiones, de enconadas luchas entre las distintas facciones, terreno fértil para el «caudillismo», el predominio de aventureros y arribistas políticos como Antonio López de Santa Anna, quien durante toda su larga y nefasta carrera política logra mantenerse en el poder en numerosas ocasiones, apoyando o rebelándose —según el momento— en pro y en contra de todos los bandos en conflicto, sin mantener más fidelidad —hasta su muerte— que la debida a su propia persona y clase.

Esta época de la historia de México debe entenderse en el contexto que ya hemos esbozado más arriba: como la expresión política de la lucha entre los grupos económicos que deseaban llevar adelante las reformas sociales y económicas que favorecieran el desarrollo capitalista, y los grupos más conservadores que se oponían a la realización de estos cambios. Esta contradicción fundamental caracterizará el período que va desde la instauración de la República en 1824, hasta el triunfo del movimiento de Reforma y la expulsión de las tropas francesas en 1867.

Para las tierras norteñas el período que va desde la instauración de la república a la guerra de 1847, trae importantes cambios internos que afectarían en forma distinta a cada una de las provincias fronterizas. Un factor externo deja sentir sus efectos en toda la zona, la creciente penetración estadounidense por medio de las fuerzas de «reconocimiento» a su disposición: comerciantes, cazadores, exploradores y aventureros, como el cazador de pieles James Ohio Pattie, que llega a Taos, Nuevo México en 1824, miembro de una familia «de frontera que por trece generaciones, de Virginia hasta Kentucky, de Kentucky a Missouri, había avanzado sobre los extremos de la civilización».[19]

Durante estos cruciales años, Texas iniciaría su historia conocida como provincia «invadida» por los estadounidenses, llevando los acontecimientos a la república «independiente» y a la esperada anexión a los Estados Unidos. Nuevo México abriría su comercio con el país vecino y con ello el control y la dependencia de la región para con la vanguardia comercial del expansionismo, que abrirían los cauces de las anexiones económicas por los que transitarían las ambiciones imperialistas. Mientras, California recibiría su «cuota» de comerciantes y «pioneros», que serían la «materia prima» de la futura «república del oso», repetición un tanto frustrada de la rebelión texana.

El acontecimiento más importante en California durante el período nacional fue la secularización de los bienes eclesiásticos, efectuada durante los años treinta por iniciativa del gobierno central, de tendencia liberal. La secularización de las misiones —que aquí poseían veintiún establecimientos con quince mil indios a su servicio, inmensos latifundios, gran cantidad de ganado y el monopolio de muchas actividades— fue un cambio fundamental que «trastornó las relaciones de clase, alteró la ideología y cambió la propiedad de una riqueza enorme».[20] La transferencia a particulares de los bienes de la iglesia, destruyó las bases materiales del predominio que el clero había mantenido en la provincia, aumentando entonces, el poder de los terratenientes y dueños de los ranchos ganaderos. Al mismo tiempo se liberó una cantidad considerable de mano de obra sujeta a la servidumbre de las misiones y se estimuló el incremento de la migración proveniente de otros estados mexicanos a California. Todos estos factores a su vez, propiciaron una época de gran actividad económica que vino a ser interrumpida por la conquista estadounidense y las consecuencias que de ellas se derivaron.

Nuevo México recibe también una considerable cantidad de inmigrantes de otros estados mexicanos debido, sobre todo, a la prosperidad económica de los ranchos ganaderos y ovejeros, así como al descubrimiento de oro entre Santa Fe y Alburquerque: «una de las más importantes minas en la región fue la mina de Ortiz, la cual a principios de los años treinta estaba produciendo cerca de $20 000 en oro cada año y al final del período mexicano había producido más de $3 000 000».[21]

Muy importante para Nuevo México fue el mencionado establecimiento de relaciones comerciales con el estado de Missouri desde el año 1822. La ruta abierta entre Santa Fe y Saint Louis permitió la adquisición continua de productos manufacturados en los Estados Unidos, así como la venta de los productos de la provincia en la zona fronteriza.

La importancia de estos lazos fue tan grande que el profesor Bloom concluye al respecto:

> En Nuevo México, los Estados Unidos encontraron el camino para la adquisición preparada por fuerzas muy diferentes de aquellas que operaron en Texas [...] Las influencias que trabajaron en Nuevo México [...] fueron casi puramente económicas, centrándose en el lucrativo comercio a través de las praderas, para Nuevo México cada vez más necesario [...] *fue este comercio, por encima de todo, lo que preparó el camino para la conquista Americana de Nuevo México*, continuando su trabajo asimilativo por diez largos años después de que Texas había se separado de la nación mexicana.[22]

Irónicamente, siguiendo una política entreguista y similar a la seguida en Texas, fueron las autoridades mexicanas las responsables por la apertura de este camino entre ambos países, conmutando impuestos y haciendo a un lado barreras legales, a más de proporcionar escolta militar para las caravanas comerciales durante el viaje. Aprovechando estas ventajas, rápidamente se instalan en Nuevo México numerosos comerciantes angloamericanos que establecen lazos de familia y amistad con la clase dominante de la provincia. Estos elementos son muy importantes en los acontecimientos posteriores, por sus relaciones, conocimientos de la región y habitantes y, sobre todo, por su papel consciente o inconsciente de «ex agentes» del cambio que se avecinaba. Uno de estos individuos, por ejemplo, Charles Bent, habiéndose casado con mujer mexicana y adoptado la nacionalidad de su esposa, fue nombrado más tarde, gobernador de la provincia por las tropas de ocupación estadounidenses.

La acción de estos individuos estimula la formación de un estrato social de la clase dirigente de las provincias mexicanas que por sus intereses comerciales o propiedades territoriales, íntimamente ligados a la presencia extranjera, propugnan velada o abiertamente la anexión a los Estados Unidos, ayudan en el establecimiento de un mayor número de colonos anglos en las áreas fronterizas, participan como socios de comerciantes o especuladores de aquel país, o se transforman en abnegados «patriotas», haciendo causa común con los estadounidenses en sus rebeliones, combatiendo contra sus propios conciudadanos. Esta semilla del colaboracionismo se hace más visible y temprana en Texas, también la encontramos en California y Nuevo México. Genuino representante de este estrato, notable por su formación liberal, cultura e importantes cargos oficiales ocupados en México, es Lorenzo de Zavala, quien «fue un reformador militante y analista respetado de los males de México, no obstante lo cual murió, como traidor, en Texas... Fue también un empresario para el cual la línea divisoria entre el progreso nacional y la ventaja personal no estaba muy clara».[23] Con toda razón Raymond Step afirma en su libro *Lorenzo de Zavala, profeta del liberalismo mexicano*: «Con todo el actual énfasis en la política del buen vecino, puede decirse que Zavala fue nuestro primer "buen vecino", en México».[24] No es necesario ir muy lejos para deducir lo que este autor considera como «buen vecino». Ya en esa época Anthony Butler opinaba: «Este caballero ha sido siempre un invariable y decidido amigo de nuestro gobierno y de nuestro pueblo, y un entusiasta admirador de las instituciones norteamericanas».[25] No es extraño saber que «Zavala fue, probablemente, uno de los factores principales de la final confirmación de la concesión de Austin, en la primavera de 1823».[26] Y llegó a ser uno de los primeros «patriotas» texanos, firmante de la declaración de independencia y primer vicepresidente de la «República» de Texas... traidor para sus contemporáneos mexicanos.

Estos grupos de colaboracionistas que funden sus intereses particulares con los del expansionismo, jugarán un papel muy importante no solo durante los años en los que germina el movimiento de secesión de las provincias del norte, período de la «espera paciente» de Jefferson, sino durante el establecimiento del poder estadounidense; este estrato será el que sancione la legitimidad del nuevo mando dentro del grupo mexicano, de donde surjan los «caciques» utilizando para el manejo y control indirecto de la masa, elementos presentes en todo proceso de conquista, desde África, Asia y América Latina, hasta la «heroica» Francia del mariscal Petain.

En la provincia de Texas el corto período nacional que va desde la consumación de la independencia hasta el triunfo de la sedición estadounidense, cubre una serie de acontecimientos determinados por el factor externo. El predominio angloamericano en el número de la población, en las actividades económicas y en la adquisición, siempre en aumento, de tierras por medios legales o fraudulentos, es la característica dominante de estos años. Durante esta época se incrementa la importancia de los ranchos ganaderos y de cultivo de algodón, un motivo más de atracción para los estadounidenses que introducen en Texas el uso de la mano de obra de los esclavos negros. Actividad que se había visto estimulada por un factor técnico, provoca un desarrollo extraordinario de esta producción: la invención de la máquina despepitadora. En esta forma se liga la economía anglo de Texas, basada en el cultivo del algodón y el remanente de mano de obra esclava, con el sur esclavista y algodonero de los Estados Unidos.

Una visión general de las provincias del norte de México durante el período nacional nos indica cómo los cambios efectuados durante estos años y la gradual difusión de las ideas liberales en la república, logran repercutir a la postre en la vida económica y política de California, Nuevo México y Texas. Se promulgan constituciones en cada uno de estos estados y se participa activamente en la vida política que la independencia puso en marcha, se discuten las ideas del liberalismo y se ponen en práctica algunos de sus postulados, como la referida secularización de las misiones, favoreciendo estas medidas a los comerciantes, terratenientes y ganaderos. Las relaciones de clase pierden poco a poco sus connotaciones raciales —tan importantes durante la colonia— sin menoscabo de la rigidez de su dicotomía fundamental. Se intensifican los intercambios comerciales con el centro de la república y estados limítrofes, por medio de ferias anuales y la apertura de algunas rutas. En este período aumenta la población de las provincias, calculándose para 1846 un total aproximado de 75 000 habitantes, de los cuales al menos 60 000 vivían en Nuevo México, unos 5 000 en Texas, 7 500 en California y cerca de 1 000 en Arizona, aunque: estas cifras no incluyen a los indígenas de estos territorios, muchos de ellos identificados en lengua y cultura con los considerados «oficialmente» como mexicanos, integrados al sistema socioeconómico como el sector más explotado, por lo que la cifra podría elevarse a más de los 100 000 habitantes.[27] También en esta época se inicia la corriente de migración hacia los territorios, estimulada por la relativa prosperidad en las actividades agrícolas y ganaderas, así como por la apertura de minas.

La anexión de Texas a los Estados Unidos, en mayo de 1845, significa el toque de avanzada para las fuerzas del expansionismo y el principio del fin de la soberanía mexicana sobre las provincias del norte. Durante los meses que siguen se tiene la seguridad de que la guerra estallará irremediablemente. Los periódicos estadounidenses se encargarán de «preparar» a la opinión pública con encendidos llamamientos a las armas, con belicosas amenazas contra los «atrasados y fanáticos mexicanos»: la maquinaria guerrera había sido puesta en marcha. No obstante, no todo el pueblo estadounidense se dejó llevar por esta propaganda, manteniendo los elementos más conscientes de la población un profundo sentimiento antibélico. También, en tribunas callejeras, y aun en el Senado y el Congreso, se dejaron oír fuertes censuras contra la aventura que preparaba el gobierno de los Estados Unidos. Sin embargo, la posición fue ambivalente: los miembros de ambas cámaras votaron a favor de los créditos de guerra y apoyaron la contienda hasta el fin, al mismo tiempo, la denunciaban como injusta. John Quincy Adams comentó al respecto:

> La más notable circunstancia [...] es que la guerra, aunque declarada inconstitucionalmente, ha sido sancionada por una abrumadora mayoría de ambas cámaras [...] y ahora es apoyada por mayorías similares que declaran desaprobar su existencia, y la califican de innecesaria e injusta.[28]

Frederick Merk señala que el mismo Adams actuó de esta manera, y aun Lincoln, que entró al Congreso en 1847 e hizo pública su protesta contra la guerra, votaba regularmente en favor de los créditos para la misma.[29] Algunos círculos literarios estadounidenses actuaron más consecuentemente; personalidades como Henry Thoreau, Ralph Waldo Emerson, James Gridley Howe, Theodore Parker, etc., la denunciaron con vehemencia, y muchos de ellos fueron a la cárcel por defender sus convicciones antibélicas.

Mientras tanto, en México, las clases dominantes se debatían en sus contradicciones, en la defensa a toda costa de intereses sectoriales, y una perenne lucha por el poder sin dedicar ningún esfuerzo a favor de la República. Había llegado la hora en la que los diplomáticos dejaran la escena y «las palabras dieron lugar a los hechos». Era el momento en el que miles de voluntarios y soldados regulares limpiaban sus fusiles para la invasión que se avecinaba, preparados para lo que el poeta del Destino Manifiesto —Walt Whitman— proclamaba con vehemencia desde su tribuna periodística: «¡mostrad al mundo que los Estados Unidos sabían aplastar y desplegarse!».

La conquista del norte de México

La firma del Tratado de Guadalupe Hidalgo en febrero de 1848 puso fin al estado de guerra entre México y los Estados Unidos. La resistencia popular mediatizada, la capital ocupada por los invasores y los puertos y aduanas del país bajo control extranjero, no era más que la expresión formal de la derrota, la «legalización» de una conquista, el reflejo fiel de la imposición armada sobre un pueblo indefenso. De esta manera, en el «nombre de Dios Todopoderoso», se llega a los acuerdos de paz, amistad y límites entre los dos países, entre la debilidad y la fuerza.[30]

El tratado instituía la ambicionada soberanía de los Estados Unidos sobre las tierras del norte de México, siguiendo los límites trazados cincuenta años antes por los fundadores de la Federación Norteamericana. Los acuerdos también estipulaban las condiciones legales en las que quedarían los habitantes mexicanos de estas regiones, extranjeros en su propia tierra; extraños a las leyes, el idioma y la cultura que se les imponía. Ante el destino que les deparaba el cambio de soberanía, los enviados mexicanos a la firma hicieron todo lo posible por tratar de proteger de alguna manera a los compatriotas de los territorios perdidos. En los artículos VIII y IX del mencionado tratado, se garantizaba el respeto inviolable a sus propiedades, protección en el goce de su libertad, libre ejercicio de su religión y amparo de la Constitución democrático-burguesa de los Estados Unidos.[31]

De esta forma, en el marco jurídico de un tratado internacional se inicia el establecimiento formal del poder estadounidense en el noroeste de México. No era la primera vez que el gobierno de los Estados Unidos llegaba a convenir acuerdos con otros pueblos, sancionados con documentos oficiales. Numerosos tratados fueron hechos con las tribus indígenas de Norteamérica, cuya vigencia terminaba días después de que se concertaban; treguas breves de una batalla perdida de antemano. Al igual que estos, el de Guadalupe Hidalgo fue letra muerta desde el momento mismo de su ratificación. Podemos afirmar sin temor a pecar de exagerados, que la violación constante y sistemática de los artículos VIII y IX del Tratado de Guadalupe Hidalgo, constituye el contexto de las relaciones entre el poder estadounidense y la población de origen mexicano.

Para los mexicanos que habitaban en Texas, Nuevo México y California, y para aquellos que emigraron hacia estas regiones en los años que siguieron a la guerra de 1846–1848, recorriendo los caminos de la migración iniciada desde el período nacional, la conquista angloamericana del norte de México significó desde las primeras décadas:

a) Despojo de las tierras, de los ranchos ganaderos y ovejeros.

b) Desplazamiento de la dirección de toda actividad productiva y comercial (minas, recuas, compra-venta de mercancías, etc.).

c) Discriminación y desigualdad económico-social sobre la base del origen nacional y las características raciales y culturales de los mexicanos (en los tipos de trabajo, salarios, administración de justicia, derechos políticos, derechos a la nacionalidad y libertad de residencia, etc.).

d) Monopolio anglo del control de las instituciones jurídicas, políticas y administrativas.

e) Explotación económica y proletarización forzada de la gran mayoría del grupo mexicano (utilización extensiva a intensiva de la mano de obra de los mexicanos en condiciones de inferioridad: en minas, como trabajadores manuales; en tareas agrícolas, como peones; en el servicio de recuas, como arrieros, en los ranchos ovejeros, como pastores, etc.).[32]

Sobre la base de estas características generales presentes en el proceso de conquista estadounidense de los territorios al norte de México, veremos formas peculiares de efectuarse en cada una de las regiones más importantes del suroeste.

California

> *¡Oh! Susana, Susana*
> *no llores por mí*
> *que me voy a California*
> *a traer oro para ti...*
>
> Canción Popular

California fue la región en que el establecimiento de los estadounidenses se llevó a cabo en tan poco tiempo y en forma tan avasalladora, que a pocos años de haber sido ratificado el Tratado de Guadalupe Hidalgo, el grupo mexicano se encontraba no solo subordinado económica y políticamente ante los recién llegados, sino que había quedado también en minoría numérica con relación al total de la población. El factor determinante, para que el nuevo territorio fuese un lugar «seguro» para los estadounidenses y sus instituciones, de la eventual «amenaza» de una superioridad numérica de la población nativa, fue el descubrimiento del oro en 1848. Para fines del año siguiente se calcula que unas 100 000 personas habían llegado afectadas con la «fiebre del oro», 80 000 de ellas angloamericanos procedentes de todos los estados de la Unión.

Las minas fueron el primer escenario de la xenofobia estadounidense contra mexicanos, chilenos, peruanos, etc., ante la feroz competencia desatada por la búsqueda de oro. La presencia de mineros de esas nacionalidades con amplio conocimiento sobre las técnicas de extracción de este mineral, fue considerada un peligro por los angloamericanos, quienes, no obstante, aprendieron de ellos los conocimientos necesarios para la obtención del metal.

Hacia mediados de 1849 la situación en las minas se torna explosiva. Muchos mineros mexicanos y latinoamericanos se ven obligados a abandonar las excavaciones por ellos iniciadas bajo la constante amenaza de ser objeto de violencias y abusos por parte de los estadounidenses. Por esta época aparecen letreros prohibiendo el paso de «extranjeros» a las zonas mineras, organizándose los angloamericanos en grupos armados que se proponían la expulsión de las minas respaldados en sus acciones por las autoridades civiles y militares. Respondiendo prontamente a las presiones, la Legislatura del recién formado estado de California decreta una ley en 1850, que imponía un impuesto mensual de $20.00 para los extranjeros que trabajasen en las minas.

> El propósito principal de esta ley —opina Morefield— fue el de mantener alejado al minero extranjero, especialmente al hispanoamericano que tenía la reputación de ser más hábil y afortunado en las minas. La ley tuvo como resultado el de mantener aparte a los extranjeros serios e industriosos, pero no al asesino, al jugador y al ladrón. Dañó no al hábil y afortunado

extranjero poco común, sino al trabajador ordinario asiduo y laborioso que tenía las mismas altas y bajas del minero norteamericano.[33]

A finales de 1850, gran número de mexicanos y latinoamearicanos habían abandonado las zonas mineras como resultado de la aplicación de la ley del impuesto, muchas veces llevada a efecto con la «ayuda» de grupos armados de angloamericanos.

No obstante, al año siguiente, los intereses de otros sectores de la población angloamericana les hacen ejercer presiones ante la Legislatura del Estado para la desaparición de la ley del impuesto: se presenta la paradójica situación consistente en que los comerciantes anglos se organizan con este fin, movidos no por elevados ideales de humanitarismo e igualdad, sino más bien debido a que el éxodo de mexicanos y latinoamericanos en general, había provocado un sensible receso en las actividades comerciales y una alarmante escasez de mano de obra barata.

Por otro lado, la búsqueda del oro había dejado de ser una empresa que solo requería de habilidades y buena fortuna. Después de tres años muchos yacimientos se encontraban exhaustos, haciéndose necesario para el trabajo de extracción la maquinaria y el capital de las grandes compañías, así como disponer de una mano de obra abundante. El papel del minero solitario o de grupos «decididos» buscando el enriquecimiento personal, recayó exclusivamente en los estadounidenses, que gozaban del apoyo de las autoridades. Al mexicano y al latinoamericano no les quedó más camino que el del trabajo asalariado:

> La necesidad requirió de un nuevo tipo de minero, uno que trabajase por un salario. El americano prefería «trabajar por su cuenta» y tal vez tomar el riesgo para llegar a ser el dueño de una mina rica, así, la carga de trabajar en las minas [...] cayó sobre el mexicano y el chileno.[34]

Conjugando los intereses de las compañías mineras y los grupos de comerciantes, la Legislatura modificó la ley del impuesto para extranjeros en marzo de 1851, demostrando la estrecha relación entre el poder político y el poder económico.

Como consecuencia de los problemas que los mexicanos experimentan en las minas, otra lucrativa actividad económica pasa a manos de los estadounidenses. Desde 1849, rancheros mexicanos, organizaron un servicio de recuas que transportaba provisiones a las regiones mineras para su venta. Los estadounidenses, aprovechando las presiones y violencias descritas más arriba, organizan este negocio por su cuenta, contratando los servicios de mexicanos como arrieros y desplazando rápidamente a los comerciantes locales en el control de esta actividad.

Las injusticias y las arbitrariedades sufridas por la población mexicana en las regiones mineras fueron innumerables, y el carácter de conquista del establecimiento de los estadounidenses en California no pudo ser más evidente que cuando tiene lugar el despojo de las tierras y de los ranchos pertenecientes a los mexicanos. Este paso de propiedad fue llevado a cabo en las primeras décadas de la ocupación estadounidense y tal fue la forma de efectuarse, que uno de los primeros observadores de este proceso escribía en 1871: «Si la historia de las concesiones en California es alguna vez escrita, esta será una historia de voracidad, de perjurio, de corrupción, de expoliación y de robo en gran escala de la cual es difícil encontrar paralelo».[35]

Las investigaciones recientes sobre California no han hecho más que demostrar la veracidad de estas afirmaciones. Leonard Pitt opina sobre el particular lo siguiente:

A través de lucha armada, legislación, litigio, manipulación financiera, compra directa, y otras tácticas innumerables, los yanquis habían obtenido una gran parte de la tierra. La transferencia de propiedad destrozó la visión conciliadora dada por el Tratado de Guadalupe Hidalgo, el cual garantizaba a los Californios[36] el «libre ejercicio de su libertad y propiedad» una obligación que no preocupaba a muchos yanquis.[37]

Una de las cuestiones fundamentales importante a destacar en este proceso de despojo de las propiedades de mexicanos es la complicidad ya observada en el caso de los conflictos mineros entre los sectores más poderosos de la población angloamericana y las autoridades legislativas, judiciales y administrativas. Todas las acciones gubernamentales respaldaban, directa o indirectamente, la transferencia de propiedad de mexicanos a estadounidenses. Tal fue el caso de la Ley sobre la Tierra de 1851, la cual según Rodolfo Acuña:

> [...] daba una ventaja al angloamericano, y, de hecho, lo alentaba a establecerse en tierra propiedad de mexicanos. Mientras en el papel la ley parecía justa, de hecho fue tiránica. Su propósito ostensible fue clarificar los títulos sobre tierras, pero dejando la carga de la prueba en los dueños de la tierra, quienes tuvieron que pagar honorarios exorbitantes para defender sus títulos de una tierra que era de ellos. Además, los jueces, los jurados, y los comisionados para la tierra estaban dispuestos a la intriga y fueron guiados por sus prejuicios. Las audiencias fueron conducidas en inglés, lo cual puso al concesionario de habla española en una desventaja adicional. El resultado fue que, con todo y que la comisión revisó 813 títulos y solo rechazó 32, el mexicano perdió la mayor parte de la tierra durante este período de persecución.[38]

Al mismo tiempo que el mecanismo jurídico se ponía en marcha con leyes y regulaciones en contradicción con los artículos del Tratado de Guadalupe Hidalgo se le impuso al grupo conquistado impuestos numerosos y excesivamente elevados. También, un gran número de invasores de tierra —muchos de ellos ex-mineros desplazados por las grandes compañías— tomaban posesión virtual de terrenos en propiedades, plenamente seguros de que no solo quedarían impunes sus acciones sino que serían respaldados por las autoridades. En una nota del cónsul mexicano en Tucson, se denuncia con claridad la falta de cumplimiento de los Estados Unidos en lo relativo a los títulos de propiedad de mexicanos en los terrenos «cedidos» a este país por el Tratado de 1848:

> [...] los aventureros denominados *squatters* han ido ocupando en sus más ricas posesiones los inmensos terrenos titulados.
>
> Los propietarios mexicanos sufren un agravio todavía más injustificable, mientras se les demora indefinidamente el reconocimiento y decisión de los títulos de que se trata; mientras que se carece de todo remedio contra las invasiones de los aventureros *squatters*, y el propietario mexicano, nada posee y nada disfruta [...]
>
> Los Estados Unidos, con respecto a los tratados que ajustó con México [...] se comprometió a respetar la propiedad titulada de los mexicanos, y violando la fe de las estipulaciones comenzó a declarar tácitamente que todos los títulos eran falsos; de aquí nació el monstruoso absurdo de que los interesados tuviesen que justificar validez de los títulos, que siempre habían sido buenos cuando para despojarlos de ese carácter hubiera sido preciso resarcir los tratados y entonces la impugnación y la prueba correspondían al gobierno de los Estados Unidos.
>
> [...] los Colegios de Asesores, o sea, Juntas Cotizadoras, incluyen en sus listas de impuestos las propiedades en cuestión; y las gravan con tasas exorbitantes que los llamados dueños deben pagar, los mismos usurpadores *squatters* que cultivan y se benefician del terreno, nada pagan, están exentos de toda contribución.

> El procedimiento se repite año con año, hasta que el causante
> [...] vende a cualquier precio su propiedad, o bien la pierde en
> un remate fiscal [...]
>
> Resumiendo todo lo expuesto, resulta la indecible conclusión,
> de que los Estados Unidos no han cumplido, ni por un solo
> momento y en ningún tiempo las obligaciones que contrajeron
> [...][39]

Las artimañas más deleznables fueron utilizadas para robar a los
mexicanos sus tierras, tal como hacerles firmar con engaños documentos de ventas, hipotecas o renuncias a los derechos de propiedad; se dieron numerosos casos en los que los abogados de-
saparecieron con los documentos y títulos de propiedad de sus
clientes; los préstamos para pagar los prolongados procesos judiciales se hacían con una tasa de interés tan alta que, en poco
tiempo, los adeudos cubrían el valor de las tierras por las cuales se
luchaba. En la transferencia de propiedad se recurrió al asesinato,
linchamiento, y terrorismo armado. Jugadores profesionales, abogados sin escrúpulos, autoridades corruptas, pistoleros a sueldo,
agiotistas invasores de tierras, todo un conjunto de individuos al
servicio exclusivo de su propio interés, fueron los elementos activos en el proceso de expoliación, apoyados por un poder político
imbuido con las ideas del Destino Manifiesto, dentro del cual
solo un reducido número de funcionarios, manifiestan una cierta
simpatía por el grupo mexicano.

No obstante, que los invasores de tierras jugaron un papel importante en la transferencia de propiedad de los mexicanos, los
beneficiados por este proceso de expoliación no fueron de ninguna
manera las masas de estadounidenses de escasos recursos que en
gran número habían emigrado hacia California. Al igual que en las
minas, la tierra pasó a ser monopolizada por una minoría. Como
lo hace notar claramente Carey McWilliams en su obra *Factories in
the field*, la propiedad pasó del concesionario mexicano a las ma-

nos del capitalista estadounidense y de las grandes compañías. La especulación y monopolización de las tierras hizo desaparecer los sueños de los pequeños propietarios, pues en pocos años vastos dominios habíanse concentrado en unos pocos especuladores en gran escala. «Para 1870 —afirma McWilliams— 1/500 de la población de California poseía la mitad o más de la tierra cultivable disponible en el estado».[40] En ese mismo año, la Southern Pacific Railroad Company poseía cerca de 20 000 000 de acres de la tierra de ese estado. Para Henry George no había otro estado de la Unión estadounidense «en el cual colonos de buena fe hayan sido tan perseguidos y de tal manera robados como en California. Todavía hay hombres que se hacen ricos o hacen negocios regulares, chantajeando a los colonos sobre la tierra pública, o apropiándose sus casas; y todo esto por el poder de la ley y en nombre de la justicia».[41] Si esta fue la suerte corrida por los colonos estadounidenses, es posible imaginar lo acontecido a los mexicanos.

Lo mismo que en las minas, la mayoría de los mexicanos pasarían a trabajar la tierra que les había sido arrebatada en tres décadas de dominio estadounidense, junto con los chinos, japoneses, filipinos y emigrantes de las regiones de miseria crónica de Europa, y formarían ese «extraño ejército de andrajosos» que harían de California la región en donde se establecieron las empresas agrícolas capitalistas más importantes del mundo. La conquista de California había sido realizada.

Nuevo México

La conquista de la antigua provincia de Nuevo México por los estadounidenses se efectuó —hasta cierto punto— en forma gradual, si comparamos este proceso con los que tuvieron lugar en Texas y California. Nuevo México —con una población mexicana numerosa y una estructura socioeconómica fuertemente consolidada— no pasó por una situación semejante a la provocada por la «fiebre del oro», ni experimentó vicisitudes históricas similares a las del conflicto bélico de la llamada República de Texas, con su herencia cultural saturada de rencores y odios interétnicos. A pesar de la naturaleza relativamente paulatina del cambio, los resultados del establecimiento del poder estadounidense no fueron distintos a los de otras regiones del suroeste. Igual a lo ocurrido en California, el mexicano fue desplazado del control de la vida económica y política, pasando a ser de los sectores más explotados de la sociedad.

Si en esencia el resultado de la conquista estadounidense es el mismo, es decir, la imposición de relaciones basadas en la explotación y subordinación del grupo mexicano, en Nuevo México los métodos utilizados para instrumentar esta política son adaptados a la situación cultural y estructura socioeconómica concretas. Una de las «adaptaciones» peculiares fue el papel destacado que jugó un sector de la clase dominante de habla hispana como aliado de los nuevos conquistadores. No obstante, que la asociación entre clases por encima de las fronteras nacionales o étnicas es un fenómeno presente tanto en Texas como en California, en Nuevo México el sector más poderoso de la clase dirigente mexicana logra mantener su condición de «asociado» en el ejercicio del poder político y económico, aun después que los estadounidenses se han consolidado como grupo de poder; en tanto que en otras regiones del suroeste, las antiguas clases dominantes de origen mexicano pasan en muy poco tiempo a una situación subordinada, desprovista de toda fuerza política de importancia y sus miembros se aliaron a su homóloga estadounidense, tomando en cuenta exclusivamente, sus propios intereses, actuando en contra de las necesidades vitales de las masas de sus antiguos conciudadanos, lo que significó que el proceso de expoliación, despojo de tierras y proletarización forzada de la población de Nuevo México no fuera en nada mitigado.

Para la doctora Joan W. Moore la variación amplia de estructuras sociales y el hecho de que el grupo gobernante de Nuevo México se hallaba bien establecido, hábil en todos sus aspectos e interesado en retener su hegemonía, explica la «sobrevivencia» de la clase dirigente de habla española durante el período estadounidense, hasta el grado de que —señala la doctora Moore:

> [...] la legislatura territorial estuvo dominada por «hispanoamericanos» (miembros de no más de 20 familias prominentes), desde su establecimiento, hasta que en 1912 Nuevo México se convirtió en estado. Durante 64 años se mantuvo una alianza entre españoles acaudalados y algunos intereses anglos de la banca, la ganadería y los ferrocarriles, la misma que controló eficazmente la vida política por medio del tristemente célebre Santa Fe Ring [...][42]

Al respecto, consideramos que las características de Nuevo México y de su clase dirigente son importantes para entender la hegemonía de los «hispanoamericanos» posterior a la conquista del territorio; pero en nuestra opinión, para tener una idea más completa de este fenómeno, sería necesario tomar en cuenta los factores que hacen posible que los estadounidenses estén dispuestos a compartir el poder político y económico del territorio: las ventajas que representaba para el poder anglo —en una región que contaba con un número elevado de población mexicana y con pocas «atracciones» para una migración masiva de estadounidenses— la continuidad de las formas tradicionales de explotación, el mantener una alianza con las clases dirigentes de habla hispana, se hacía necesario para que el «sistema» siguiera funcionando normalmente; aunque ya sus productos y los medios de producción fueran, poco a poco, controlados enteramente por el grupo dirigente estadounidense.

Si en California y en Texas la clase dominante mexicana fue prácticamente disuelta como tal en el proceso de edificar una sociedad sobre las bases, fundamentalmente, de los principios y las instituciones americanas, en Nuevo México —por su peculiaridad ya expuesta— existía la necesidad de mantener un «intermediario» que, además de «dirigir» las nuevas formas de explotación —al mismo tiempo que crecía la proporción angloamericana en la población del territorio se efectuaba la transferencia de la propiedad de la tierra y otros medios de producción, se intensificaba el control político e introducían los cambios técnicos y sociales promovidos por el desarrollo del capitalismo— sirviese como un elemento útil en la campaña ideológica que acompaña a estas transformaciones. El grupo «hispanoamericano» iba a ser utilizado para mostrar el carácter «democrático» del cambio que tenía lugar, legitimaría la conquista a los ojos de sus conciudadanos y sería el elemento que actuaría como «analgésico», amortiguando la rigidez del proceso, manipulando las escasas concesiones del grupo anglo dominante para quebrantar la resistencia y justificar las nuevas formas de explotación introducidas por el poder estadounidense.

El despojo de tierras que tiene lugar en Nuevo México con la conquista angloamericana, así como el impacto de este proceso en las instituciones culturales y en la estructura social de varias generaciones de mexicanos, ha sido estudiado con profundidad por el doctor Clark S. Knowlton. En el artículo «Land-Grant problems among the state's Spanish-Americans», analiza la variedad de técnicas utilizadas por los angloamericanos para posesionarse de las tierras que por siglos habían sido: a) patrimonio de las comunidades o ejidos comunales, b) propiedades de individuos prominentes que se comprometían a establecer un poblamiento con la protección adecuada y tierra disponible para colonos, y c) propiedades individuales o sitios que, con el tiempo y la multiplicación de herederos; venían a ser en esencia propiedades comunales:

Los angloamericanos que llegaban a Nuevo México después de la conquista americana encontraron que la tierra, los minerales, el comercio, y la política eran las únicas vías disponibles para adquirir riqueza y poder económico. Debido a que la mayoría de la tierra disponible era poseída por hispanoamericanos que en su mayor parte no estaban interesados en venderla, aquellos angloamericanos, que deseaban tierra fueron forzados a idear técnicas para arrebatársela a sus dueños. Debido a las diferencias profundas en los sistemas de propiedad de la tierra, luchas serias sobre la tierra se desarrollan tempranamente, con el angloamericano como el agresor victorioso y el hispanoamericano como el perdedor reluctante[...][43]

Estas «técnicas» —que el doctor Knowlton, para la conveniencia de su análisis, las agrupa en cuatro grandes categorías: políticas y legales, económicas, violentas y diversas—, son casi idénticas a las utilizadas en California: destrucción «accidental» de archivos; juicios sobre terrenos en los que los ocupantes de las tierras tenían que «comprobar» su calidad de propietarios; firmas de renuncia a la propiedad de tierras obtenidas por medio de engaños, registros fraudulentos; interpretación etnocéntrica de las cortes y autoridades gubernamentales sobre las formas de apropiación, basándose exclusivamente en los preceptos de ley angloamericanos, acción nefasta de abogados que concertaban «arreglos» con la parte contraria y cobraban sus honorarios con tierra; un sistema de impuestos fijos sobre la tierra, sumamente gravosos para los mexicanos; robo de impuestos ya pagados que no eran anotados como recibidos; usureros que cobraban las deudas con tierras de los acreedores; expropiación por parte del gobierno federal de tierras comunales y como en California y Texas, el uso sistemático de la violencia, el terror armado y la eliminación física de mexicanos:

Los hispanoamericanos se encontraron indefensos contra la invasión de numerosos rancheros y vaqueros angloamericanos que odiaban a los mexicanos y que invadieron Nuevo México en los setenta y en los ochenta. Los vaqueros trajeron con ellos un fundamental desprecio y odio por todas las personas de habla española. Los hispanoamericanos fueron asesinados, sus mujeres maltratadas, sus tierras robadas, su ganado hurtado y sus gentes humilladas.[44]

En esta forma, hacia la última década del siglo XIX, un grupo reducido de abogados, políticos, rancheros y comerciantes angloamericanos controlaban la mayor parte la tierra, las principales actividades económicas y la política de Nuevo México. Al igual que en California, los beneficiados por el despojo de la tierra perteneciente a los mexicanos fue una minoría. Tan solo uno de los miembros del llamado Santa Fe Ring poseía en 1894 cerca de dos millones de acres y era copropietario de cuatro millones de acres adicionales.[45]

Con la pérdida masiva de la tierra, el cercado de propiedades —que acabó con la cría de ovejas—, la introducción del ferrocarril y la apertura o extensión de importantes centros mineros, los mexicanos son obligados a vender su fuerza de trabajo por un salario para sobrevivir. El grueso de esta población pasó a trabajar en las minas, la construcción de vías férreas, como jornaleros y vaqueros en los nuevos ranchos de angloamericanos, desposeídos y explotados en su propia tierra. El capitalismo se había establecido en Nuevo México.

Texas

> *Hay crímenes que por su enormidad rayan en lo sublime;*
> *el apoderamiento de Texas por nuestros compatriotas tiene*
> *derecho a este honor. Los tiempos modernos no ofrecen un*
> *ejemplo de rapiña… en tan vasta escala.*
>
> Henry Clay

Al terminar la guerra de 1846-1848 e iniciarse el establecimiento formal del poder de los Estados Unidos en California y Nuevo México, la que había sido hasta 1836 provincia mexicana de Texas llevaba poco más de una década bajo el control de los estadounidenses, en el contexto de las escaramuzas bélicas constantes[46] que precedieron a las campañas militares de 1847. Este conflicto armado continuo entre mexicanos y anglos hacen de la experiencia texana un caso único en la historia del suroeste.

Texas fue la pauta que se seguiría después de 1848 en todo el suroeste para definir las relaciones entre anglos y mexicanos, la fragua de leyendas que nutrieron, y siguen alimentando, el bagaje de la discriminación y el racismo. Joseph Eve afirmaba en 1842 que los texanos los despreciaban y los consideraban «una raza de mestizos débil, cobarde, controlada por curas supersticiosos, compuesta de sangre española, india y negra» y que «siempre estaban dispuestos a pelear contra ellos o los indios cinco a uno»,[47] durante la guerra el general John A. Quitman opinaba que «eran una raza de bastardos y de ladrones, incapaz de autogobernarse y solo aptos para la servidumbre y la autoridad militar»,[48] y en 1856 se declaraba en Goliad que «la continuidad de los *greasers*[49] o peones mexicanos entre nosotros como ciudadanos es un intolerable estorbo y un perjuicio que necesita corregirse urgentemente».[50] Estas opiniones no son muy disímiles de las sostenidas en 1929 por un informante del doctor Paul S. Taylor que afirmaba que los anglos en Texas odiaban a los mexicanos «como un ser humano odia a una serpiente de cascabel»,[51] asentado por el académico Webb en el sentido de que por sus venas corría agua estancada en lugar de sangre.[52] Los sentimientos antimexicanos han sido desde los acontecimientos de la sedición estadounidense en Texas, una ideología inseparable de la experiencia histórica de los anglos de esta región, dentro de la cual instituciones como los *Texas Rangers*, con su larga y cimentada tradición como asesinos de mexicanos; expresan la materialización más lograda de esta variedad ideológica regional del racismo estadounidense.[53]

Es importante destacar las características ideológicas de la ocupación estadounidense de Texas porque solo a través de racionalizaciones particularizantes se ha venido explicando el conflicto, sin profundizar en el contenido de la ideología del racismo angloamericano, en el suroeste, sin observar sus conexiones con el proceso general de la expansión territorial, económica y política estado unidense. Se tiende a concebir el fenómeno en términos de hechos circunstanciales o a través de «personalidades» históricas: «el Alamo», «Goliad», «el tratamiento de los prisioneros de la expedición a Santa Fe», «Santa Anna», «Sam Houston», etc., sin situar estos hechos y estos personajes dentro de un marco más amplio de referencia. En nuestra opinión, la variedad ideológica del racismo en el suroeste se fundamenta en el carácter esencial de *conquista* de la ocupación estadounidense de estas tierras, que tiene sus antecedentes en el carácter de las relaciones de los pobladores anglos con las poblaciones negra, indígena y española y se consolida con la explotación económico social a la que se ven sometidos los mexicanos a partir de la conquista de sus tierras. Desde esta perspectiva estamos en total acuerdo con el doctor Paredes cuando afirma que «de no haber existido el Alamo, Goliad y Mier, hubiesen tenido que ser inventados, como realmente parece que ha sido en parte»,[54] para justificar un proceso puesto en marcha con anterioridad y, dentro del cual, el sometimiento del suroeste es solo una etapa más en su continuidad, o, en palabras de los profesores S.E. Morison y H.S. Commager: «la conquista americana de Texas y California fue un largo capítulo en el volumen que comenzó con el asentamiento de Jamestown en 1607 y que terminó con la guerra española-americana en 1898».[55]

La población anglo que llega a Texas traía consigo los elementos de prejuicio racial y etnocentrismo surgidos en procesos de expansión y conquista de la naturaleza como el efectuado por los Estados Unidos durante los siglos XVIII y XIX principalmente, y en el transcurso del cual el negro, el indio y en cierta forma el español, fueron sus primeras víctimas.[56] El prejuicio antimexicano «heredó» los conceptos racistas elaborados acerca de los dones, los indios y los negros, correlación a la que es fácil llegar si recordamos que para ellos en esa época el mexicano era un producto —naturalmente «desafortunado»— de estos elementos. No es una casualidad que en 1834 el 8% de los anglos en Texas provinieran de los estados esclavistas.[57] Por estas razones, no es extraño afirmar, como lo hace Eugene C. Barrer, que los colonos texanos se consideraban a sí mismos como «moral, intelectual y políticamente superiores» —y de esta manera— «los sentimientos raciales... estuvieron presentes y colorearon la realización mexicano-texana desde el establecimiento de la primera colonia angloamericana en 1821».[58]

Consideramos que el sentimiento antimexicano surgido desde las primeras décadas del siglo XIX es la forma «regional» de un contenido ideológico ya existente en la población angloamericana; es una variedad de racismo inherente a la expansión y a todo proceso de sometimiento y explotación de un pueblo por otro; particularmente es una ideología de conquista a la que los acontecimientos fortuitos dan su forma y expresión concretas, pero en ningún momento determinan por sí solos su propia existencia. El papel jugado por esta ha sido señalado por Marvin Harris, dentro de un contexto general:

El racismo es […] utilizado como una justificación para las jerarquías de clase y de casta; ha sido una explicación espléndida para los privilegios nacionales y de clase. Ha ayudado a mantener la esclavitud y la servidumbre; ha facilitado el camino para la violación de África y la matanza de los indios americanos; ha endurecido los nervios de los capitanes de la industria de Manchester cuando reducían los salarios, cuando alargaban las horas de trabajo, cuando empleaban a más mujeres y niños.[59]

Teniendo en mente este contexto ideológico, así como el enfrentamiento armado constante entre anglos y mexicanos, considerando además la inmigración masiva de estadounidenses a Texas a partir de 1836, podemos inferir la situación a la que la población nativa se vio sometida en los aspectos económicos, sociales y políticos. Al igual de lo que ocurriría en California y en Nuevo México, se apoderaron rápidamente de la tierra y otros medios de producción, así como de la dirección de todas las actividades económicas, del control político, administrativo y judicial; ejercieron el monopolio de la fuerza armada en defensa de sus intereses y de su lugar privilegiado dentro de la sociedad, relegando a los mexicanos a un plano de inferioridad e imponiéndoles un reino de terror, e injusticia.

Este proceso por medio del cual la población angloamericana logra la preponderancia en Texas, se había iniciado más de veinte años antes de la firma del Tratado de Guadalupe Hidalgo y continuó con un ímpetu mayor durante las décadas que siguieron a la guerra entre México y los Estados Unidos.

Así, el despojo de tierras propiedad de mexicanos, se efectuó violenta y rápidamente. La historia del condado de Nueces, estudiada magníficamente por el doctor Paul S. Taylor podría considerarse la norma de lo ocurrido en otras partes de Texas:

> Hacia el comienzo de la Revolución texana en 1835, cada pie de tierra en el actual condado de Nueces había sido otorgado en grandes extensiones a mexicanos que pastaban su ganado en esos terrenos. Dos años antes de la Guerra Civil, todas esas concesiones menos una, habían pasado a manos americanas o europeamericanizadas, y esta última concesión dejó de pertenecer a manos mexicanas en 1883.[60]

Este traspaso de propiedad, como era de esperarse, se llevó a cabo con los medios que serían familiares en California y Nuevo México:

> Cuando los mexicanos vendieron primeramente a los americanos, lo hicieron bajo presión para vender. No eran simplemente dueños individuales de propiedad vendiendo por su propia voluntad; vendían *porque eran mexicano*s que en tiempos de caos no podían seguir ocupando su tierra, y que veían la inminente dominación militar y política americana [...] Fue bajo la presión de estas condiciones que las concesiones pasaron a los americanos, quienes tomaron ventaja de los mexicanos, como compradores, en varios grados.[61] [Subrayado en el original].

En ocasiones se recurría a medios más expeditos, a los que el mismo autor hace referencia: «muchos dueños de propiedades mexicanas fueron "sacados" del país y sus tierras [de esta manera] obtenidas más baratas».[62] Procedimientos comunes en estos años y repetidamente denunciados por las autoridades consulares mexicanas en los Estados Unidos y más tarde por la propia Secretaría de Relaciones Exteriores de México que presentó más de quinientas reclamaciones de despojo o confiscación de tierras de mexicanos ante la Comisión de Reclamaciones establecida en 1868. Esta Comisión se constituyó, por iniciativa de los gobiernos de México y los Estados Unidos, con objeto de presentar a su consideración los desacuerdos de corporaciones, compañías e individuos de ambos países, quedando integrado el tribunal el 10 de agosto de 1869 y sirviendo como árbitro el ministro plenipotenciario de la Gran Bretaña en Washington, Edgard Thornton. A pesar de las quejas presentadas por la parte estadounidense contra México, este país fue obligado a pagar menos del 1% del monto exigido, con lo relacionado con las demandas sobre tierra de mexicanos, la Comisión decidió desecharlas «quedando consumado el despojo que sufrieron los propietarios a partir de 1848».[63]

En realidad, en el caso texano el despojo y adquisición de tierras se vino realizando desde el principio de la aventura «revolucionaria», no con otros fines que los de la especulación. La mayoría de los líderes de la República de Texas se encontraban asociados estrechamente con compañías especuladoras. El profesor Elgin Williams en su documentado estudio *The animating pursuit of speculation: land traffic in the annexation of Texas*, afirma que «los creadores de Texas —como nación y estado de la Unión Americana— fueron en una forma u otra, como aventureros en tierras».[64] El mismo autor asevera que «el espíritu de la especulación» —«aventura», como ellos le llamaron—...fue el espíritu de la época.[65] Discurre el profesor Williams:

> Para el hombre común, así como para el traficante [de tierras] en grande, el señuelo de la naciente República de Texas se creó en la forma de un alza en el valor de las tierras con el advenimiento de la anexión [a los Estados Unidos]. El abogado de la *Galveston Bay and Texas Land Co.*, Sam Houston, resumió la situación cuando ofreció a los voluntarios de la guerra con México «primas generosas» en tierra y cuando anunció a soldados

probables que ni siquiera estaban en Texas que «la guerra en defensa de nuestros derechos debe ser nuestro lema».

Aquí como en otras revoluciones americanas, los derechos defendidos eran, en el lenguaje del día, «intereses creados» o derechos sobre tierras. No fue un accidente el que Sam Houston comparara una nación con una corporación. Si su ciudadanía en la República de Texas fue en parte por motivos de negocios, no fue esta primera vez: poco antes de la Revolución había hecho el juramento de fidelidad a México y antes de esto había pedido que se le excluyera de la prohibición de vender licor a los indios de los Estados Unidos, con el argumento de que era ciudadano de la nación Cherokee.[66]

Imbuidos en este «espíritu de la época» y la carencia de escrúpulos de un Houston, los angloamericanos establecieron unas cuantas décadas inmensos ranchos agrícolas y ganaderos, como el del «emprendedor» Richard King, cuyas posiciones se extendían por varios condados al sur de Texas, controlando la actividad económica de la región.[67]

En estos ranchos vuelve a tomar auge lo que había sido una de las actividades de Texas antes de la ocupación estadounidense: la ganadería. Es muy importante mencionar cómo se iniciaron. A partir de 1848 el abigeato en el norte de México se deja sentir con una intensidad tal que causó una crisis económica de gran magnitud así como innumerables protestas de la Secretaría de Relaciones Exteriores de México. El ganado era robado y vendido en los Estados Unidos a bajo precio, participando en este saqueo mexicanos y estadounidenses. Luis G. Zorrilla señala que:

> Las gavillas de mexicanos, y americanos dedicados al abigeato se propagaron rápidamente [...] [y] [...] los compradores de ganado robado al norte del Río Bravo se organizaron eficazmente con la misma rapidez. El saqueo comenzó con el ganado caba-

llar y siguió con el bovino [...] en Fort Leaton, frente a Ojinaga; operaba Henry Kippaos, comprador de todo lo que era robado en México y llevado a los Estados Unidos, cerrando los ojos las autoridades a este contrabando doblemente delictuoso, al considerar que representaba la base de la creciente riqueza ganadera de Texas [...] Algunos propietarios mexicanos cruzaban la frontera y deambulaban por Goliad y otros centros de concentración de ganado para identificar a sus animales, cuando podían, viendo fierros de todos los ganaderos mexicanos hasta de San Fernando, Tamps., situado a cerca de 150 kilómetros de la línea [fronteriza].[68]

El mismo autor nos da la clave pare entender cómo personajes de la calaña de Richard King, pudieron crear de la noche a la mañana, verdaderos «imperios» ganaderos:

Algunos de los traficantes y encubridores llegaron a ser famosos y riquísimos como el capitán King y sus ranchos de Santa Gertrudis y El Banquete, o Adolph Glevecke, quien tenía un puesto oficial local en el gobierno de Brownsville, y proporcionaba fianzas para sacar libres a aquellos que caían presos por continuas acusaciones y demandas de las víctimas mexicanas.[69]

Ante la sospechosa apatía de las autoridades estadounidenses, y en numerosos casos, su abierta complicidad,[70] siguió el abigeato en grandes proporciones, por lo que para 1865 «las haciendas del noreste [de México] estaban al borde de la ruina, comenzando a escasear el ganado, pudiéndose afirmar que los ranchos texanos se surtieron o iniciaron a partir de 1848, con ganado de México».[71]

La formación de estos ranchos no solo causó la ruina de los mexicanos al sur de la frontera. El giro que tomaron los acontecimientos asociados directamente a la pérdida de tierras, así como la introducción de la cerca de terrenos de pasturas —iniciativa de los grandes terratenientes angloamericanos que de robar ganado a su antojo, no deseaban ser víctimas del abigeato ni compartir pastos, ni aguas— fue un golpe mortal contra los ganaderos mexicanos del norte del río Bravo:

> También había divergencias de intereses entre los ganaderos con tierra y aquellos sin tierra. Estos dos puntos en disputa: el ganado y el cercado se dividían principalmente a lo largo de líneas raciales [por un lado anglos, por el otro mexicanos]. Siguiendo más de cerca la línea de división de raza fue la tendencia a establecer grandes ranchos americanos ganaderos en las tierras que habían sido concesiones españolas o mexicanas. Este proceso usualmente coincidió con el paso de tierras de manos mexicanas a americanas, o se realizó un poco después; así estas dos tendencias fueron —aún son— usualmente identificadas en el pensamiento popular.[72]

No solo con las tierras despojadas y con el ganado sustraído de los ranchos del sur de la frontera se crearon las bases de las grandes riquezas del estado de Texas, también los mexicanos fueron la fuerza de trabajo utilizada para hacer posible la prosperidad del grupo angloamericano; constituyeron la mayoría de los vaqueros y la casi totalidad de los pastores cuando la ganadería y la producción de lana tuvieron gran importancia en Texas. Igualmente, cuando el algodón y el cultivo de vegetales tomaron un papel predominante en la actividad económica de la región, ellos suministraron la mayor parte de la mano de obra. El anglo pasó a ser el dueño de los emergentes ranchos agrícolas, en tanto que los vaqueros, pastores, y trabajadores mexicanos, seguían llegando del sur del Bravo, pasaron a ser los peones y los sirvientes de esos ranchos:

> En la transición de la ganadería a la agricultura los blancos americanos vinieron a ser los granjeros. Los mexicanos como trabajadores han limpiado la tierra de maleza y cuidado las cosechas

de algodón y de vegetales. *El papel de las dos razas ha estado perfectamente delineado.*[73]

De este modo, el proceso que tuvo lugar en California y Nuevo México no fue diferente del que ocurrió en Texas. Hacia la década de los setenta, una regularidad se presenta en todo el suroeste: *la presencia de dos grupos con características diferentes que se distinguen claramente en el contexto socioeconómico. Cada uno conservando un lugar determinado según su origen étnico y nacional.* Uno, el grupo angloamericano, la nacionalidad dominante, monopolizando todas las ventajas y prerrogativas, frutos de la conquista militar; el otro, el mexicano, la nacionalidad oprimida llevando el peso del trabajo productivo mientras se le niega su realización social, cultural y nacional mientras es víctima de la explotación económica y la discriminación. El capítulo de la ocupación estadounidense de las tierras mexicanas cerraba sus páginas con la formación histórica de una minoría nacional y con la subyugación del pueblo que había hecho habitable Aztlán con su sudor, sangre, y coraje largamente contenido.

Capítulo III

La resistencia

La ley del más fuerte no significa la adhesión del más débil,
la duración de la ocupación no significa su aceptación.
La oposición constante, abierta o subterránea ha sido en los hechos
la regla general de las relaciones entre colonizados y colonizadores.

Jacques Arnault

La violencia en la historia de los chicanos

En el análisis histórico de la resistencia mexicana frente al angloamericano es necesario destacar el hecho de que el pueblo chicano
se originó, como entidad separada de sus raíces nacionales, de los
resultados y de las consecuencias de un conflicto armado cruen-
to y prolongado. Parafraseando a Marx, podríamos afirmar que
la violencia ha sido no solo la partera de la historia de los chicanos, sino también su nodriza y acompañante inseparable. De las
depredaciones y pillaje, ultrajes y caídos en los campos de batalla, humillaciones y resentimientos de una guerra,[1] se generó el
caudal de odio que desembocaría en el suroeste. Aquí la guerra
no terminó. Vencedores y vencidos tuvieron que convivir en un
mismo territorio. Los enemigos de ayer seguirían frente a frente
sin ejércitos regulares, formaciones militares o campañas convencionales. Cuando el último soldado de las tropas expedicionarias
estadounidenses abandonó el actual territorio mexicano, el suroeste siguió ocupado y los mexicanos que lo habitaban continuaron a
merced del invasor.

Esta guerra no declarada se efectuó en todos los frentes. Así, el
despojo de propiedades, desplazamiento y explotación económica

de los mexicanos fueron mano a mano de una política de violencia y represión. Con toda certeza Carey McWilliams interrelaciona estos factores cuando afirma que «la subordinación de los mexicanos a la estructura social de California no puede comprenderse aparte de esta pauta... de violencia a intimidación».[2] Esta importante conexión bien puede generalizarse para entender este proceso de subordinación. Federico Engels, en su *Anti-Dühring*, en los capítulos sobre la teoría del poder y la violencia, señala que la violencia no puede ser comprendida en sí misma sino como el medio, «mientras que la ventaja económica es el fin».[3] Lo que significa que la violencia y el poder político que esta respalda, son expresión de la correlación de fuerzas económicas y sociales y no factores dependientes.

Al recorrer las páginas de la historia de las empresas de expansión y conquista coloniales, encontramos que el uso de la violencia contra los pueblos conquistados es una característica inseparable del proceso de dominación económico social. En este sentido Rosa Luxemburgo afirma que la fuerza es la única solución abierta al capital en su encuentro con economías precapitalistas: «La acumulación de capital, vista como un proceso histórico, emplea la fuerza como un arma permanente, no solo en su génesis, sino también continúa usándola hasta el presente.»[4]

Con toda razón Jacques Arnault sostiene que los colonizadores «tuvieron una sola superioridad: la superioridad en el ejercicio de la violencia».[5] En *Los condenados de la tierra*, Frantz Fanon ofrece una clara exposición sobre el papel que la violencia juega en el sistema colonialista como método diario, directo y evidente para definir la dicotomía jerárquica impuesta por el dominador, y «recordatorio» concreto del lugar que a cada grupo social le corresponde ocupar en la estructura colonial.

La ocupación estadounidense del suroeste, como empresa de conquista y de dominación, no constituyó una excepción. La documentación histórica nos muestra que fue por medio de la violencia cotidiana, uso sistemático de la fuerza y la intimidación física, que se efectuó su establecimiento.

Numerosas fuentes documentales, bibliográficas y periodísticas, así como las tradiciones orales y el folklore de la región, dan cuenta profusamente del ejercicio de la violencia contra el mexicano a todo lo largo y ancho del suroeste. Son innumerables las denuncias presentadas ante la Secretaría de Relaciones Exteriores de México sobre casos de homicidio, linchamiento, asalto a mano armada y expulsión forzada y persecución.[6]

> En Los Ángeles se informaba de un homicidio diario en 1854; la mayoría de las víctimas, eran mexicanos e indios [...] En la década de 1860 el linchamiento de mexicanos era un suceso tan común [...] que los periódicos no se preocupaban de informar los detalles [...]. se precisaría de amplias investigaciones para calcular el número de linchamientos de mexicanos entre 1849 a 1890 [...] cada crimen o acusación de crimen se le adjudicaba inmediatamente a algún mexicano y el linchamiento era el castigo aceptado por crímenes en que estaban implicados los mexicanos.[7]

Como se ve, la muerte de un mexicano a manos de angloamericanos no inquietaba a las autoridades encargadas de hacer justicia, ni merecía siquiera la atención periodística ante lo cotidiano del crimen. El uso de la violencia no era exclusiva de regiones, se manifestaba en los núcleos de población de origen en Arizona y en Colorado, donde se registran una larga historia de linchamientos.[8] Tampoco lo era de individuos aislados. Delincuentes como el célebre King Fisher, que en su registro de individuos por él asesinados, no contaba a los mexicanos ni multitudes desordenadas; y tenían del linchamiento el más elevado concepto de justicia. También autoridades locales, estatales y federales han sido autores activos de esta política. *El Monitor Republicano* insertaba el 9 de diciembre de 1879 la siguiente noticia:

> Del condado de Dual (Texas) hemos recibido noticias referentes a asesinatos cometidos por soldados norteamericanos. Es vergonzoso para un país que blasona de civilizado y humanitario tener que sufrir los reproches que con harta justicia se dirigen a sus autoridades en Texas. Estas no se ocupan mucho de hacer la felicidad de sus gobernados, pero se cuidan menos aún de castigar los desmanes de la atrevida soldadesca, *sobre todo, cuando las víctimas tienen la desgracia de pertenecer a la raza mexicana.*[9]

El Monitor Mexicano de Los Ángeles publicaba una carta remitida de Redlands, el 29 de agosto de 1893, en la que se asegura que los residentes en dicho lugar han sido notificados por el *Sheriff* «…que en nombre de los Estados Unidos de América y las autoridades locales del lugar se les intimaba a abandonar el campo y salir del pueblo dentro del breve plazo de tres días y, de no verificarlo así, serían arrestados».[10]

Asimismo, no podemos interpretar la violencia contra el mexicano como exclusiva del período histórico que comprende las primeras décadas del establecimiento de los estadounidenses en el suroeste. Su continuidad hasta el presente es más que manifiesta. El cónsul en Eagle Pass, Texas, comunicaba a la Secretaría de Relaciones Exteriores en 1891 lo siguiente:

> Tengo el honor de poner al superior conocimiento de Ud., que cosa de tres días a esta parte se me han presentado treinta individuos mexicanos procedentes en su mayor parte de San Felipe del Río [Texas] en su mayor parte familias y exponen que [...] ya no les es posible ser indiferentes a tantos ultrajes recibidos en las personas o intereses de ellos; los mexicanos allí acaban de abandonar sus propios hogares, dejando sus casas de par

en par [...] por evitarse, con oportunidad, un ataque violento de tantos que acostumbran algunos americanos que hay allí [...] que a última hora fueron amagados todos los mexicanos, con que iban a quemarlos y seguirles todo el mal que pudieran para hacerlos desaparecer [...][11]

George Marvin informa en noviembre de 1912:

> Algunos *rangers* han degenerado en asesinos comunes. No hay castigo por asesinato ya que ningún jurado a lo largo de la frontera condenaría a un hombre blanco por matar a un mexicano [...] Al leer los informes del Servicio Secreto se siente uno como si hubiera una temporada abierta de cacería de mexicanos a lo largo de la frontera.[12]

McWilliams cita un fragmento del editorial de *The New York Times* del 18 de noviembre de 1922: «La matanza de los mexicanos sin provocación, es tan común que pasa casi inadvertida».[13]

Podríamos pensar que para la década actual esta política antimexicana en los Estados Unidos es recordada como cosa del pasado. Nada más alejado de la realidad. En marzo de 1970, la Comisión de los Derechos Civiles llegó a las conclusiones siguientes en relación a la violencia ejercida por las autoridades policíacas:

> Nuestras investigaciones revelan que los ciudadanos, mexicano-americanos se ven sometidos a un indebido y violento trato por parte de oficiales de policía; que son frecuentemente arrestados sin suficientes pruebas; que sufren abusos físicos y verbales; [...][14]

A cuatro años de este informe, a 126 años de terminada la guerra entre México y los Estados Unidos, el periódico *The Daily Texan* de la ciudad de Austin, publica el comentario siguiente con motivo del asesinato de un mexicano a manos de la policía:

> Reconocemos que la muerte de Tiburcio Soto es el caso más reciente en una serie de muertes oficiales que conforman un patrón general de terror policíaco regularmente inflingido sobre los residentes negros y morenos de Austin [...] delitos menores son rutinariamente manejados con palizas, heridas y, algunas veces, con una muerte repentina.[15]

No intentamos hacer un recuento detallado con la presentación de estos breves testimonios; este es un tema importante que requiere de un estudio completo por sí mismo, tendría que incluir la represión de huelgas y de todo intento de organización política y sindical de los chicanos, las campañas periódicas de deportación de ciudadanos estadounidenses de origen mexicano, la miseria de los barrios, y tantos otros aspectos que se relacionan con un concepto de violencia que tome en cuenta la explotación y desigualdad económica, y todos los males sociales que estas acarrean, como la expresión cotidiana inherente al sistema capitalista. Para los objetivos de este trabajo deseamos dejar asentado lo siguiente:

a) El chicano como grupo nacional, surgió de la imposición armada de un pueblo sobre otro.

b) La violencia contra el mexicano ha sido sistemática y constante a lo largo de la historia de la ocupación estadounidense y refleja fielmente el estado diferencial de las relaciones interétnicas en el suroeste a partir de 1848.

c) El uso de la fuerza contra el mexicano es una manifestación más del carácter de dominación de la ocupación estadounidense.

d) Es necesario entender la subordinación de los mexicanos a la estructura socioeconómica del suroeste como estrechamente interrelacionada a la práctica de esta violencia.

e) El suroeste no escapa a la generalización de que toda empresa de conquista, lleva en sus entrañas el uso de la violencia como uno de los métodos esenciales para obtener y mantener las ventajas sociales, económicas y políticas del grupo dominante.

Es común afirmar que el ejercicio de la fuerza genera, *en un momento histórico dado,* una respuesta de violencia por parte de los oprimidos; menos común es que los detentadores del poder político económico reconozcan su paternidad en ella. Jean-Paul Sartre se refiere a este fenómeno como el *boomerang* que inevitablemente regresa a su punto de partida.

Siguiendo esta metáfora podemos expresar que el lanzamiento del *boomerang* se inicia con la imposición del poder de una nación dominante sobre la base de la superioridad en el uso de la fuerza para el sostenimiento de dicho poder. A este tiempo seguiría una etapa en la que la respuesta al manifestarse, hace sus víctimas entre los propios hermanos de opresión: «la furia contenida, al no estallar, gira en redondo y daña a los propios oprimidos».[16] En el «tercer tiempo», la violencia retorna a sus propios orígenes y es el momento en el que la resistencia comienza a golpear en las filas de los opresores. Condiciones objetivas de carácter económico, la correlación de fuerzas de clase, la intensidad de las contradicciones sociales internas y externas, etc., y condiciones subjetivas de naturaleza ideológica, organizaciones y partidos políticos, el surgimiento de dirigentes idóneos, etc., determinarán el momento, los sectores, estamentos o clases sociales que la efectuarán, dirigirán, apoyarán o combatirán, así como las formas específicas que dicha respuesta tomará. Si en la guerra de 1847 la resistencia del pueblo mexicano contra la imposición armada del poder estadounidense pudo destacar en el océano de traiciones y cobardías del interés de clase de los sectores dirigentes, en la contienda subterránea del suroeste también se dejó sentir la resistencia de ciertos sectores del pueblo chicano, en las más diversas manifestaciones. Exponer y analizar estas manifestaciones son los propósitos fundamentales de este capítulo.

Pero, la historia de la resistencia de los chicanos en el suroeste estaría trunca de no iniciarse con el análisis de la ofrecida por las diferentes clases sociales de la población durante la guerra del 1847. Esta página de la historia de México pertenece, por igual, al pueblo chicano. Por lo tanto, es preciso ofrecer una visión general de la respuesta popular contra la invasión estadounidense en lo que hasta 1848 era territorio mexicano. Y posteriormente dedicar nuestra atención a las manifestaciones de resistencia en las provincias conquistadas, una vez que el poder estadounidense fue establecido.

La resistencia durante la guerra entre México y los Estados Unidos

Desde sus inicios, la conducción de la guerra por parte de México se caracterizó por la carencia de un plan general de defensa, iniciativa táctica y estratégica. Ausencia, sobre todo, de un programa político de unidad básica por encima de los intereses individuales, corporativos y de clase. La lucha de facciones por el poder del Estado y la consecuente inestabilidad política, el atraso de la estructura socioeconómica —basada principalmente en el predominio del clero y de los terratenientes—, el precio de las prebendas, jerarquías y favoritismos heredados de las instituciones coloniales y principalmente, el egoísmo y el interés de clase de los grupos dominantes, repercutieron en forma determinante en la organización, preparación y dirección general del conflicto bélico contra los Estados Unidos.[17]

Estos factores minaron la capacidad combativa del ejército y el pueblo, sabotearon las numerosas posibilidades de lograr triunfos parciales y restaron iniciativa a la presencia masiva en la lucha armada, dejando el peso de la defensa del país en la institución que la clase dominante podía manejar de acuerdo a sus propios intereses: el ejército regular.

Los grandes propietarios y la Iglesia[18] prefirieron la claudicación apresurada ante el invasor, antes que sacrificar siquiera una parte de sus bienes. La jerarquía eclesiástica de Puebla, que ante la proximidad de las tropas enemigas se negó a aportar la más mínima ayuda económica para la defensa de la ciudad, y cooperó activamente con los estadounidenses, representa la actitud general asumida por el clero mexicano y los terratenientes:

> El señor obispo Vázquez, cuya conducta, así como la de todo su clero, estuvo muy lejos de ser la que dictaban el patriotismo y la dignidad, tomó el partido de marcharse a su casa de campo, situada a poca distancia de Puebla. La máxima del señor Vázquez era, que la Iglesia en ningún caso debía ni prestar ni dar ni aun la más pequeña parte de sus bienes. En esta regla fue inflexible y no se separó jamás de ella. Cuando volvió a Puebla, después de la entrada de los americanos, obró también de una manera que fue generalmente mal vista.[19]

En contraste con esta conducta de la Iglesia, el pueblo sacrificaba desinteresadamente sus escasas posesiones por la defensa del país:

> Cuando se pensó en las fortificaciones de Santiago y Tlascala, se vio que para que pudiesen emprenderse era preciso derribar las casas, los árboles frutales y destruir las hortalizas, única

propiedad y haberes de sus miserables habitantes. Así se determinó; y cuando se aguardaba la resistencia natural del que va a ver desaparecer en momentos su única fortuna, se observó con sorpresa, que ellos mismos ayudaban a aniquilar su pobre patrimonio [...] No fue menos digno de elogio el patriotismo de los habitantes de San Luis, que a costa de penosos sacrificios, llevaban [...], cuantos recursos en víveres y provisiones de todas clases podían, proporcionar al ejército [...][20]

Además de proteger sus intereses económicos por encima del interés nacional, las clases dominantes mexicanas pusieron especial cuidado en evitar que la contienda tomara el carácter de una guerra popular; posibilidad a la que temían más que al propio enemigo. Los autores de *Apuntes para la historia de la guerra entre México y los Estados Unidos* se percataron de este hecho cuando, al referirse al intento del gobierno de Valentín Gómez Farías de armar al pueblo, comentaban lo siguiente:

La gente acomodada, movida acaso por el instinto de su propia conservación, se armó para contraponerse a la chusma en quien el gobierno de don Valentín Gómez Farías depositaba las armas; chusma propiamente así llamada, pues ni era tropa de línea sistemada conforme a la rigurosa ordenanza española, ni era la Guardia Nacional compuesta de ciudadanos inteligentes, laboriosos y honrados.[21]

Este «instinto de conservación» y terror al pueblo estuvo siempre presente a lo largo de la guerra y fue una de las causas fundamentales de nuestra derrota. Los estadounidenses contaron con un aliado inapreciable en la conducta de los grupos dominantes de México que, con algunas excepciones, no se enfrentaron a la invasión estadounidense con la entereza y decisión con las que el grupo dirigente mexicano, en condiciones muy distintas, combatió a los invasores franceses años más tarde.[22]

La alta oficialidad del ejército, que se distinguió por su ineptitud, grandes rivalidades entre sus miembros, envidias, rencillas personales y de facción, incapacidad, en su mayoría, de dirigir una sola acción de guerra con acierto, por sufrir derrota tras derrota, no por el ejercicio victorioso del enemigo, sino por las indecisiones, errores, veleidades, cobardías y traiciones de los generales y comandantes en jefe, encabezados por el gran terrateniente y nefasto aventurero Antonio López de Santa Anna.[23]

Ante esta situación, la defensa del país frente a la invasión estadounidense fue desigual, caótica, frustrantemente heroica y, casi siempre, con resultados trágicos. Por otro lado, desde el principio de la contienda, el pueblo, la tropa y la oficialidad media del ejército, dieron muestras de encomiable abnegación, sacrificio y valentía. Una y otra vez los autores de *Apuntes*... se refieren con admiración a esta conducta contrastándola con aquella de los generales. Así por ejemplo, refiriéndose a la batalla de Monterrey, comentan lo siguiente:

> Se había mandado a la oficialidad subalterna, de capitán abajo, que pelearan como simples soldados: los oficiales se ponen la fornitura sin murmurar; toman sus fusiles; se establece una emulación generosa y ardiente: cada oficial quiere distinguirse por su arrojo, comprando con su sangre el lauro de valiente.
>
> Forma un vergonzoso contraste con esto lo que han dicho los enemigos de los generales refiriéndose a Monterrey.[24]

Ese marcado contraste lo encontramos en la batalla de La Angostura, durante la cual Santa Anna ordenó la retirada cuando prácticamente las fuerzas enemigas habían sido derrotadas. «La oficialidad se condujo con dignidad y decencia. El valor de las tropas ha logrado las alabanzas aun de los mismos enemigos que solo han hablado mal de algunos generales, asegurando que si todos hubieran imitado el ejemplo de sus subordinados, habrían decidido en favor nuestro el éxito de la batalla».[25]

Podemos afirmar que, en medio del caos causado por la pésima dirección de la guerra, el derrotismo y la traición de los grupos más poderosos del país, es al pueblo trabajador y humilde, a los elementos patriotas del ejército, a las columnas guerrilleras formadas espontáneamente entre la población civil y los soldados, a quienes le corresponde el mérito de haber presentado un frente de lucha y resistencia contra el invasor. Pensamos que no se ha destacado suficientemente el papel jugado por las masas populares en la guerra contra los Estados Unidos. Si en la historiografía son ampliamente conocidas las acciones en las que el ejército mexicano realizó actos de heroísmo que causaron la admiración de sus propios enemigos, como la defensa de Churubusco, el Castillo de Chapultepec, etc., se destacan otras a las cuales no se les da la importancia que merecen, en donde el pueblo en armas, opuso por sí mismo una fiera y desigual resistencia.[26] De este género de episodios, que abundaron durante la guerra, sobresalen la defensa de Veracruz por sus habitantes,[27] la insurrección popular de la ciudad de México durante los días 14 y 15 de septiembre de 1847, la participación de las guerrillas populares, que fueron de las pocas fuerzas de resistencia que lograron combatir con éxito a los enemigos. Un participante en acciones contraguerrilleras del ejército de los Estados Unidos, Samuel P. Chamberlain, escribe en sus memorias:

> Este cazar-hombres, aunque excitante, era un deber muy desagradable y no se ganaba honor. No se daba cuartel por ninguno de los dos lados y en muchos conflictos tremendos con los salteadores el total de bajas fue mayor que el de muchas batallas que se pelearon durante la guerra —aunque ningún informe sobre esto fue jamás escrito.[28]

Una revisión del movimiento guerrillero durante la campaña contra los estadounidenses, hace llegar a los autores de los *Apuntes...* a la siguiente conclusión: «La guerra hecha con un buen sistema por medio de las guerrillas, nos parece que a la larga habría arruinado a los enemigos y dado el triunfo de la República».[29]

De la participación del pueblo en la guerra nos ocuparemos más en detalle de la insurrección que tiene lugar en la ciudad de México a la llegada de los estadounidenses, por su significado e importancia.

En septiembre de 1847, después de las victorias obtenidas por los estadounidenses en los puntos de defensa situados en la periferia de la ciudad de México, el ejército invasor se preparó para la ocupación de la capital de la república. Entre otras medidas, el general Scott, jefe de las fuerzas de ocupación, utilizó las columnas contraguerrilleras formadas con presos de la cárcel de Puebla, armados y montados por los estadounidenses, como la avanzada de su ejército:

> Tal milicia, unida con una multitud de extranjeros aventureros, fue la vanguardia del ejército y con tan nocivos elementos, la ciudad quedó entregada a toda clase de desmanes; robos, asesinatos, saqueos y otros crímenes, fue el prólogo de la ocupación, y la entrada del grueso del ejército.[30]

Mientras tanto Santa Anna, violando la promesa hecha de que se defendería la ciudad calle por calle, ordenó la evacuación de las fuerzas armadas de la capital, efectuándose la salida del ejército durante la noche del 13 de septiembre y la madrugada del día siguiente. El dictador adujo como pretexto la escasez de municiones y el recurrir «a los edificios de la ciudad, sería comprometerla sin esperanza de un buen suceso, cuando el pueblo con pocas excepciones, no tomaba parte en la lucha»,[31] aseveración que se vio plenamente refutada por los hechos. El ejército de línea mexicano, que contaba con suficientes hombres y pertrechos para proseguir la lucha, que había sido repetidamente vencido pero no destruido, abandonó a su suerte a la población civil y a los militares patriotas que sin hacer caso de la política derrotista de Santa Anna y su alta oficialidad, permanecieron junto al pueblo, preparándose para resistir la inminente ocupación del centro político administrativo de la república.

En las primeras horas de la mañana del día 14 de septiembre, un destacamento a las órdenes del general Quitman coloca la bandera estadounidense en el Palacio Nacional, después de que, según Guillermo Prieto, un disparo solitario había segado la vida del primer soldado enemigo que había intentado izar el pabellón extranjero.[32] Alrededor de las nueve de la mañana del mismo día, las tropas enemigas en su conjunto hacen su entrada a la ciudad. A la vista de los soldados estadounidenses en las principales calles, el pueblo comienza a reunirse en grupos, a organizarse espontáneamente: de balcones, azoteas, bocacalles y plazuelas parten los primeros disparos contra la vanguardia de la división del general Worth, iniciándose una resistencia desesperada que debía durar hasta la noche del día siguiente.

La mayoría de las fuentes bibliográficas estadounidenses, repitiendo lo sostenido por el general Scott en su informe al secretario de guerra del 18 de septiembre de 1847, afirma que la resistencia popular que se inició el 14 de septiembre, fue obra de los «léperos» y convictos excarcelados por las autoridades mexicanas. Scott escribió en dicho informe:

> Poco después de que habíamos entrado y estando en el acto de ocupar la ciudad, un tiroteo fue iniciado contra nosotros de las azoteas de las casas, de las ventanas y de las esquinas de las calles, por alrededor de dos mil convictos, liberados la noche anterior por el gobierno en huida, unidos, quizás, por el mismo número de soldados mexicanos, que se habían desbandado y quitado el uniforme.[33]

Roa Bárcena impugna semejante idea, afirmando que «posible y probable en momentos de confusión y desorden, se evadieron algunos criminales, creíble es que hayan tratado de ponerse en salvo antes que de pelear con el extranjero. Lo cierto es que las nuevas hostilidades provinieron de la parte resuelta y belicosa del vecindario...».[34] El relato de un testigo y participante activo de los hechos de estos días, contradice también la versión de Scott:

> Vi corriendo en tropel por la calle, con dirección a la esquina de la Amargura, un pelotón de hombres armados y a cuya cabeza iba un fraile, montado a caballo, con sus hábitos arremangados y sosteniendo en sus manos nuestro pabellón de las Tres Garantías. El fraile influía aliento e inspiraba entusiasmo a los gritos de ¡Viva México y mueran los yanquis! Así es que los hombres que en el zaguán había, abandonaron este para unirse al grupo de patriotas, y yo con ellos. [35]

El mismo testigo sigue narrando que:

> Un cuerpo de la división Worth que se había posesionado del edificio de Minería fue hostilizado desde las azoteas del hospital y torres del templo de San Andrés. Los proyectiles de los mexicanos se cruzaban sin cesar con los de los invasores, y cuando estos avanzaban hasta ponerse bajo los muros de los edificios recibían una lluvia de piedras, macetas y cuantos objetos hallaban a la mano *los defensores quienes eran individuos del cuerpo de guardia nacional Hidalgo, algunos practicantes que, andando el tiempo fueron médicos distinguidos.*[36]

Naturalmente, para el jefe de un ejército extranjero que lleva adelante una guerra de agresión y conquista, es necesario denigrar la resistencia popular que encuentra a su paso. Scott no fue una excepción en su conducta brutal en la represión de este movimiento de los pobladores de la ciudad de México.

El combate se generaliza por todas las calles ocupadas por las tropas estadounidenses, con toda clase de armas disponibles e improvisadas: escasos fusiles y mosquetones, lanzas, piedras, tabiques y macetas. Se registran actos de supremo heroísmo: algunos patriotas desarmados se lanzan a una muerte segura a la mitad de la calle, con objeto de provocar a los soldados enemigos y hacerles fácil blanco de los combatientes emboscados. La desigual contienda se prolonga por horas, cayendo numerosas víctimas por parte del pueblo; se combate con entusiasmo aunque «sin plan, sin orden, sin auxilio, sin ningún elemento que prometiera un buen resultado; pero lucha sin embargo, terrible y digna de memoria».[37]

Los estadounidenses responden a esta postrer resistencia popular con métodos que casi un siglo después serían de uso familiar para las tropas alemanas que suprimieron las insurrecciones populares de muchas ciudades de Europa: se ordena a las tropas derribar con artillería la casa de donde se les disparase un tiro y dar muerte a todos sus habitantes, se fusila a los patriotas en el terreno de lucha, se irrumpe en las casas derribando puertas y se asesina familias enteras. Estos hechos despiertan la imaginación del teniente Beauregard del cuerpo de ingenieros del ejército estadounidense para escribir con admiración en sus memorias:

> Y otra vez tuve el placer de ver aquí, como mero espectáculo sin embargo, a la galante división Cerro Gordo [...] dirigida por su notable general [...] *haciendo su nueva clase de trabajo: peleando en las calles, derribando casas, etc* [...] *como hizo todo lo demás*, «*sans peur et sans reproche*».[38]

Durante todo el día 14 los combates prosiguen con intensidad y todavía durante la noche se escuchan disparos aislados y el ruido de fusilería. En la misma mañana del 15, cuando toda resistencia parecía haber terminado, se reinician los enfrentamientos por toda la ciudad y nuevos actos de vandalismo y represión, jurando Scott, con volar la manzana desde la cual fuera disparado un tiro contra sus tropas.[39]

Al caer la tarde, agotadas las municiones, con cientos de bajas y heridos, sin esperanza de auxilio por parte del ejército en retirada, la espontánea insurrección popular termina[40] ante la superioridad de la respuesta enemiga, lo insostenible de la situación y el desmoralizador espectáculo de la colaboración abierta con los estadounidenses del ayuntamiento de la ciudad[41] y los sectores acomodados que se habían opuesto activamente a la sublevación:

> Doloroso es decir que aquel esfuerzo generoso del pueblo bajo, fue en lo general censurado con acrimonía por la clase privilegiada de la fortuna, *que veía con indiferencia la humillación de la patria, con tal de conservar sus intereses y su comodidad.*[42]

Una vez más, la clase dominante mexicana había traicionado este denodado aliento supremo del pueblo por dejar constancia ante las generaciones que vendrían, que la capital de un país débil y dividido había caído frente a la agresión extranjera, solo a costa de quienes habían sacrificado sus vidas por defenderla.

La resistencia durante la guerra

Encontramos que la resistencia que tiene lugar en California y Nuevo México durante la guerra, presenta características muy semejantes a las enumeradas para el resto de la república. Así tenemos que en estos dos departamentos, el poder establecido traiciona los esfuerzos patrióticos de la población y abandona ambos territorios sin presentar combate ni organizar la defensa popular. Ante esta situación, también son los elementos más conscientes de la población los que se encargan de organizar y dirigir la resistencia armada.

No obstante, la determinación de los mexicanos de las tierras fronterizas norteñas de luchar contra el enemigo cobra una importancia y singularidad exclusiva en relación con otras regiones del país, por el contexto en la que esta se manifiesta.[43] En primer lugar, Nuevo México y California,[44] tenían dentro de su población al desencadenarse la guerra, un sector importante, desde el punto de vista económico-social, compuesto por estadounidenses y mexicanos que no ocultaban sus aspiraciones anexionistas y dentro del cual había individuos que cumplían «misiones confidenciales» del gobierno de los Estados Unidos encaminadas, entre otras cosas, a fomentar y dirigir dichas pretensiones. Tomándonos la libertad de utilizar el término surgido de los trágicos acontecimientos de la agresión fascista a la República Española, toda proporción guardada, podemos afirmar que las provincias internas del norte, a diferencia del resto del país, habían sido penetradas por una «quinta columna» que venía trabajando para la causa expansionista estadounidense muchos años antes del conflicto bélico.

Al estallar la guerra, estos grupos, junto con avanzadas paramilitares de carácter propiamente filibustero como la comandada por el agente estadounidense John Charles Frémont, hicieron todo lo posible por repetir una revolución «a la texana» o lograr que la población de estos territorios declarase su «independencia» de la república mexicana, bajo la «protección» de la bandera de los Estados Unidos, como antelación de una anexión a la Unión Americana. Williams Jay, refiriéndose a California, hace notar claramente la responsabilidad del gobierno estadounidense en el desarrollo de estos proyectos:

> Claro está que el gobierno [de los Estados Unidos] sabía […] bien […] que los colonos de California estaban ansiosísimos de representar una vez más la comedia de Texas. No es de suponerse *que tanto secreto y tantos afanes se tomasen para tener en aquel lugar agentes que velaran por nuestros intereses y fomentasen la*

amistad hacia nosotros, sin insinuar los medios a que se recurriría para conseguir tal objeto. Una república independiente en California, formada por ciudadanos estadounidenses conduciría inevitablemente, si continuaba la paz con México, a una anexión, y si estallaba la guerra, facilitaría grandemente la conquista.[45]

El historiador Hubert H. Bancroft llega a conclusiones semejantes cuando al referirse al mismo caso de California da cuenta explícitamente de los planes de conquista definitiva del gobierno de los Estados Unidos, de los varios proyectos para lograrla y del papel importante que jugaba la subversión interna:

> [...] la administración de Washington había determinado en caso de guerra con México ocupar California, y como resultado de la guerra retenerla permanentemente. Si la paz continuaba, se había ideado un plan *cuya ejecución había empezado*, de promover una revolución entre los nativos para recurrir luego a la anexión. En cualquier caso, California cumpliría su «destino manifiesto» y llegaría a ser parte de los Estados Unidos. Si ambos planes fracasaban, es de suponerse que se *provocaría una revuelta de colonos americanos*.[46]

Fieles a la tradición, tan enraizada hoy en día, de cometer actos de agresión «legalizada», los Estados Unidos intentó por todos los medios posibles, efectuar una conquista que contase con el apoyo tácito de la población. A la vez que se utilizaba la subversión interna, al aproximarse la guerra, los comandantes de las fuerzas armadas que ocuparían California y Nuevo México recibieron órdenes cuyo contenido no era muy distinto al de las instrucciones dadas a los «agentes confidenciales». Así, por ejemplo, el secretario de guerra Bancroft ordena al comodoro Sloat lo siguiente:

> Usted deberá esforzarse si es posible, por establecer la supremacía de la bandera americana sin provocar ningún conflicto

con la gente de California. Si *California se separa de nuestro enemigo, el Gobierno central de México, y establece un gobierno propio bajo los auspicios de la bandera americana,* Usted tomará las medidas para promover la mejor unión del pueblo de California a los Estados Unidos. Usted debe tener en mente que este país desea encontrar en California un amigo, y no un enemigo; que desea estar conectado con este territorio con lazos estrechos, *tomar posesión del mismo* [...] *y de ser posible con el consentimiento de sus habitantes.*[47]

Este especial cuidado por conservar buenas relaciones —precaución que quedó en el papel— tenía su fundamento, como lo expusimos en el primer capítulo, en el hecho de que la ocupación definitiva de estos territorios era un objetivo largamente acariciado por la clase dominante estadounidense. Por ello no debe sorprendernos que la proclama del general Stephen W. Kearny[48] a su llegada a Las Vegas, Nuevo México, el 15 de agosto de 1846, haya sido algo más que un discurso de un militar a una población ocupada en una guerra, fue un claro y clásico manifiesto de conquista: «Yo he venido entre ustedes por órdenes de mi Gobierno a tomar posesión de su territorio y a extender sobre él las leyes de los Estados Unidos. Nosotros lo consideramos, y lo hemos hecho por algún tiempo, como parte del territorio de los Estados Unidos».[49]

En la misma forma, una semana antes de que este general hiciese públicos los planes de su gobierno, otro militar, el comodoro Stockton, jefe de las fuerzas de ocupación de California, escribía una carta al comandante mexicano José Castro:

[...] No deseo hacer más que lo que mi deber me impone que haga. No deseo guerra contra California o su pueblo; pero *en tanto que sea un Departamento de México, debo hacer la guerra hasta que deje de ser parte del territorio mexicano* [...] No puedo, en consecuencia, suspender mis operaciones para negociar sobre otra base que no sea la de que *California declare su independencia, bajo la protección de la bandera de los Estados Unidos. Si, por lo mismo, Usted está de acuerdo en enarbolar la bandera americana en California,* detendré mis fuerzas y negociaré el tratado.[50]

Como puede notarse, los estadounidenses intentaron, por todos los medios, lograr la adhesión «voluntaria» de la población de las provincias norteñas a los Estados Unidos, para legalizar, de alguna manera, el despojo que realizaban.

Por otro lado, uno más de los elementos que hay que considerar en el análisis de la resistencia de las provincias norteñas durante la guerra, es el hecho de que para la población de Nuevo México y California no era un secreto que los Estados Unidos planeaban la conquista de sus territorios. Independientemente de la lección histórica que había ofrecido a los mexicanos la «revolución» texana, la toma del puerto de Monterrey en California por el comodoro Jones en 1842,[51] y la referida expedición de Texas contra Nuevo México en 1841, les había alertado en forma muy concreta sobre lo que el destino les deparaba. Discusiones sobre anexión a Norteamérica, separación de México, solicitud de protección a Inglaterra, a Francia, planes de colonización con colonos irlandeses, etc., eran del dominio público desde antes de la guerra. Además, se era consciente de la profunda debilidad e inestabilidad del gobierno central, se reconocía la imposibilidad de que estuviera en condiciones para oponerse con éxito a una agresión extranjera. Los propios norteños se encontraban sumidos en permanentes conflictos internos, muchas veces provocados por imposiciones del poder central. Todos estos factores determinaron las características peculiares de la resistencia de esas provincias.

Resumiendo las peculiaridades del contexto político militar en que se dio la resistencia armada contra los estadounidenses en California y Nuevo México destaca lo siguiente:

a) La existencia de una «quinta columna» trabajando activamente en favor de una anexión de estas provincias a los Estados Unidos.

b) Un pleno conocimiento de la población sobre los planes de conquista de su territorio por parte del gobierno de los Estados Unidos.

c) Una campaña de los agentes confidenciales, cónsules y, posteriormente, de los jefes militares de la ocupación, para convencer a la población mexicana a fin de que proclamase su independencia con respecto a México, como antesala de la anexión a los Estados Unidos.

d) El abandono de los poderes civiles y militares de las provincias al aproximarse el ejército de los Estados Unidos. Colaboracionismo de algunas autoridades locales y de sectores con estrechos lazos con los estadounidenses.

e) Inexistencia de fuerzas armadas, propiamente dichas, para la organización de la resistencia; carencia de armamentos y municiones e imposibilidad de ayuda por parte del gobierno central.

Enfrentados los nacionales a este lúgubre estado de cosas, sujetos a las presiones que hemos descrito, invadidos por un enemigo bien armado y organizado, es realmente significativo que se manifestaran por la resistencia armada que hizo inoperantes los esquemas estadounidenses para la renuncia voluntaria de la soberanía mexicana sobre los territorios norteños. Solo el Tratado de Guadalupe

Hidalgo daría la ansiada pauta legalista de un simple y llano acto de violencia, para la tranquilidad de las conciencias de aquellos que desde entonces comenzaron a referirse a la conquista del norte de México como la «cesión territorial mexicana».

La resistencia —exitosa en California y de perfiles trágicos en Nuevo México— representa la expresión de la voluntad popular de estas provincias en contra de la imposición de un poder extranjero, a pesar de los factores internos que trabajaron por años en favor de sentimientos separatistas y anexionistas, no obstante a las adversas circunstancias en las que los leales llevaron adelante su decisión de resistir.

California

La ocupación estadounidense del departamento de California se inicia con el movimiento sedicioso del mencionado filibustero John Charles Frémont y los colonos angloamericanos de los valles de Sacramento y Napa. Este grupo armado se apoderó de la villa de Sonoma y enarbolando una bandera con un oso pardo por escudo, proclamaron la «independencia» el 15 de junio de 1846.

No es necesario precisar el carácter y los fines de este movimiento, la experiencia de lo acontecido en las Floridas y Texas hace superfluo el profundizar en esta farsa independentista. Bancroft desenmascara esta aventura anexionista en detalle y sus conclusiones sobre la calidad moral de los participantes y motivaciones son de una claridad diáfana:

> [...] podemos encontrar entre [...] los filibusteros, incluidos la mayoría de los líderes y muchos de sus seguidores, una diversidad de motivos. Había una clase [...] compuesta por aventureros puros y simples. Hombres sin principio, temerarios, atrevidos, con nada que perder, siempre listos a pelear contra

los Californios por el gusto de pelear nada más […] [también porque], especialmente, ya habían puesto el ojo sobre el ganado de los rancheros nativos. Otros eran americanos entusiastas que creían en el destino manifiesto de su nación de poseer esta tierra, y no dudaban de su derecho a plantar la bandera de las barras y las estrellas en cualquier lugar de América, sin importar los deseos de sus pobladores. Ellos veían a los Californios como un pueblo inferior que debía ser enseñado por la fuerza a gozar de los beneficios de la libertad, y el cual no tenía derecho a resistir lo que ellos juzgaban su civilización superior […] Algunos de los líderes buscaban la prominencia oficial […] otros veían más lejos […] hacia un futuro de provechosos negocios con los Estados Unidos […] Todos ellos eran meros filibusteros y ninguno merece la simpatía o el honor que el mundo reserva a los revolucionarios que luchan contra la opresión.[52]

Este movimiento de aventureros, cruzados abnegados del «destino manifiesto», fue de gran utilidad para las fuerzas de ocupación al declarársele la guerra a México, aunque nunca logró hacer realidad sus objetivos originales debido a que la ruptura de hostilidades, hizo innecesaria esta alternativa para obtener California. A la llegada del ejército estadounidense, los «ciudadanos» de la efímera «república del oso» fueron incorporados a las fuerzas de ocupación bajo las órdenes del mismo Frémont,[53] quedando el recuerdo simbólico de este vergonzoso acto de filibusterismo en el emblema del actual estado.

Siguiendo los pasos del intempestivo comodoro Jones, el 7 de julio de 1846, las tropas al mando del comodoro Sloat desembarcan y ocupan el puerto de Monterrey, sin encontrar resistencia. Al igual que Kearny en Nuevo México, declaró al apoderarse de esta plaza, que era su deber no solo tomar California, sino preservarla a toda costa como parte de los Estados Unidos.[54]

A finales del mismo mes de julio la jefatura de las fuerzas expedicionarias son reorganizadas, siendo asignado el comodoro Stockton como comandante en jefe de las mismas y recibiendo el filibustero Frémont el grado de mayor en premio de sus inapreciables servicios. En pocas semanas los estadounidenses logran el control del norte de la provincia, se apoderó de San Francisco y otras poblaciones y se preparó para la conquista de la región sur, en donde se encontraba localizada la ciudad de Los Ángeles, capital del departamento.

Mientras tanto las autoridades mexicanas —que a pesar de no haber ofrecido resistencia al invasor habían mantenido una actitud digna al negarse a secundar las proposiciones estadounidenses para que enarbolasen la bandera de los Estados Unidos en la tierra californiana— deciden el 9 de agosto la disolución de la reducida fuerza militar con la que se contaba, alegando que la debilidad de la misma en número, armamentos y municiones, no permitía la defensa del territorio. En concordancia con esta resolución, el gobernador Pío Pico[55] y el comandante Castro abandonan la provincia con destino a Sonora, confiando en el patriotismo y lealtad de sus habitantes[56] pero sin efectuar preparativo alguno para que pudiese manifestarse. No obstante esta deserción inexcusable de las autoridades, numerosos oficiales y soldados a las órdenes de Castro permanecen entre el pueblo en espera del momento oportuno de manifestar su repudio a los invasores.

Una vez disuelta la autoridad civil del departamento y sin la presencia de la comandancia militar, la ocupación del territorio californiano fue efectuada sin serios contratiempos. En los primeros días de septiembre se impuso la ley marcial y dejaron tropas estacionadas en las principales poblaciones de la provincia, resintiendo los mexicanos los rigores y abusos de la ocupación enemiga, fermento de la insurrección en ciernes.

Esta se inició el 23 de septiembre de 1846, cuando un grupo de jóvenes patriotas comandados por Sérbulo Varela efectúan un ataque contra la guarnición militar de la ciudad de Los Ángeles. Al día siguiente la población entera se reúne a las afueras de la capital y la espontánea insurrección se organiza y toma la forma de un movimiento popular:

> El ataque de Varela [...] fue la señal de alarma para todos los ciudadanos. El 24 de septiembre, puesto a la cabeza del pueblo el capitán del ejército D. José María Flores, estableció su campo a un cuarto de legua de la plaza enemiga. Desde aquel momento los hombres y los niños acudían, por todas partes a formar cuerpo contra el enemigo común, llevando consigo las armas que podían disponer. Las mujeres, modelo de valor y patriotismo, unas presentaban a sus hijos, hasta los más pequeños, para tomar las armas; otras servían de espías cerca del enemigo; otras, llevando sobre sus hombros las armas, pólvora y plomo que habían enterrado para salvarlas, atravesaban sus puntos militares para presentarlas al campo de los patriotas. Todos en fin, proclamaban la libertad e independencia de su patria dentro de la ciudad misma que ocupaba el enemigo.[57]

Al mismo tiempo que la rebelión se estructura militarmente, tanto en el nombramiento de los mandos, ocupados en su mayoría por los oficiales del disuelto cuerpo de ejército, como en la obtención de armamentos y municiones, la asamblea popular constituye un gobierno de hecho, pronunciándose en favor de combatir a los invasores extranjeros y permanecer fieles a la nación mexicana por medio de un documento de gran valor histórico, desgraciadamente poco conocido en la historiografía de la guerra y que Brancroft recoge en su voluminosa historia sobre California:

> Ciudadanos: Por un mes y medio, debido a la lamentable fatalidad resultado de la cobardía y la incompetencia de las

principales autoridades, nosotros nos hemos visto subyugados y oprimidos por una insignificante fuerza de aventureros de los Estados Unidos de Norteamérica, quienes, poniéndonos en condición peor que la de esclavos, están dictándonos leyes despóticas y arbitrarias, por medio de las cuales, cargándonos con contribuciones y onerosos impuestos, quieren destruir nuestras industrias y nuestra agricultura, y obligarnos a abandonar nuestra propiedad para ser tomada y repartida entre ellos. Y, ¿seremos capaces de permitirnos a nosotros mismos el ser subyugados, y aceptar en silencio la pesada cadena de la esclavitud? ¿Perderemos la tierra heredada de nuestros padres, la cual tanta sangre les costó? ¿Dejaremos a nuestras familias víctimas de la más bárbara servidumbre? ¿Esperaremos hasta ver a nuestras mujeres violadas, nuestros inocentes hijos azotados por el látigo americano, nuestra propiedad saqueada, nuestros templos profanados, arrastrando penosamente una vida llena de vergüenza y de desgracia? ¡No! ¡Mil veces no! Compatriotas, ¡La muerte antes que esto! ¿Quién no siente su corazón golpear y su sangre hervir al contemplar nuestra situación? ¿Quién será el mexicano que no se indigne y se levante en armas para expulsar a nuestros agresores? Nosotros creemos que no hay uno tan vil y tan cobarde. Por consiguiente, la mayoría de los habitantes de este distrito, justamente indignados ante la presencia de nuestros tiranos, levantamos el grito de guerra y, con las armas en la mano, juramos apoyar los artículos siguientes de este plan: 1. *Nosotros, todos los habitantes del departamento de California, como miembros de la gran nación mexicana, declaramos que es y ha sido nuestro deseo pertenecer únicamente a ella, libre a independiente.* 2. Por consiguiente, las autoridades intrusas maniobradas por las fuerzas invasoras de los Estados Unidos son consideradas inválidas e ilegítimas. 3. Juramos no dar descanso a nuestras armas hasta que los norteamericanos, enemigos de México, sean expulsados de la tierra mexicana. 4. Todo ciudadano mexicano de los 15 a los 60 años de edad que no tome las armas para apoyar este plan es declarado un traidor, bajo pena de muerte. 5. Todo mexicano o extranjero que ayude directa o indirectamente a los enemigos de México será castigado de la misma manera. 6. Toda propiedad de residentes norteamericanos que hayan directa o indirectamente tomado parte o ayudado a los enemigos de México será confiscada y usada para los gastos de guerra y sus personas enviadas al interior de la República. 7. Todo el que se oponga al presente plan será pasado por las armas. 8. Todos los habitantes de Santa Bárbara y el Distrito Norte serán invitados inmediatamente a participar en este plan. Campo cerca de Los Ángeles, a 24 de Septiembre de 1846.[58]

Para el historiador Brancroft este documento resulta «estereotipado», calificándolo de «florido» llamamiento al patriotismo mexicano, «conteniendo un recital de males en el cual un sustrato pobre de hechos fue escatimado con mucho de imaginario».[59] Independientemente del estilo, un tanto retórico de este manifiesto, de obligado uso en el lenguaje político de la época, el Plan de Los Ángeles refleja fielmente el sentir de la población de California respecto a los invasores estadounidenses *sobre la base de su experiencia como pueblo ocupado por esas fuerzas.* Este «recital de males» se fundamentó en la realidad histórica que se había iniciado con la rebelión filibustera de Frémont, el pillaje, arbitrariedades y actitud racista de este movimiento que, posteriormente, había de continuarse con la llegada de las tropas de ocupación estadounidenses. Décadas más tarde, esa visión de matices apocalípticos que los californianos relacionaban con el establecimiento del poder estadounidense, había de hacerse realidad en muchos de sus detalles.

Lo importante de este plan y de las acciones que lo secundaron —que naturalmente Bancroft pasa por alto— *es que deja claramente expresada la voluntad de los californianos de resistir a los invasores y de permanecer leales a la nación mexicana,* haciendo fracasar esta determinación, los proyectos del gobierno de los Estados Unidos para que la población mexicana secundara un movimiento anexionista.

Por otro lado, Brancroft califica esta proclama como una «amenaza de venganza», por los artículos relacionados con los castigos para quien prestase ayuda a los invasores o no apoyase dicho plan. Esta es una acusación gratuita que no toma en cuenta la difícil situación en la que el movimiento de resistencia se inicia: sin la presencia de autoridades civiles y militares reconocidas, con las principales poblaciones ocupadas por el enemigo, con un sector de mexicanos que empezaron, desde la llegada de las tropas, a colaborar abiertamente con los invasores.

Además, ¿qué esperaba Bancroft que fuese el contenido de un plan semejante?, ¿cuál podía ser ante la agresión armada de un país extranjero? ¿Es que el hecho de que esta agresión fuese provocada por sus compatriotas le impide reconocer a este historiador —tan ecuánime para juzgar a Frémont— la validez y la profunda justeza de este pronunciamiento? ¿Es que el derecho de un pueblo a repeler la invasión extranjera de su territorio aplicando el rigor de la ley contra traidores y colaboracionistas, no les estaba permitido a los californianos porque los invasores eran los representantes de una de las democracias burguesas más avanzadas de la época, con la cual el historiador mencionado se sintió identificado? El propio Bancroft, al caracterizar a los aventureros de la «república del oso», define sus propios prejuicios «chovinistas» cuando afirma que los estadounidenses «veían a los californios como un pueblo inferior... el cual no tenía derecho a resistir lo que ellos juzgaban su civilización superior»,[60] opinión que a Bancroft mismo le fue imposible dejar de compartir.

Una vez que fueron definidos los objetivos políticos de la rebelión, los patriotas estrecharon el cerco contra los reductos del enemigo en la ciudad de Los Ángeles, derrotando a una columna que venía en ayuda de los sitiados, en el Rancho Chino.[61] Gracias a esta victoria, el 31 de septiembre se logra la rendición de las tropas enemigas que ocupaban Los Ángeles, siendo esta la única plaza de importancia durante la guerra entre México y los Estados Unidos, en la que fuerzas mexicanas reocupan una ciudad y el pabellón estadounidense es arriado. Una semana más tarde, el 8 de octubre, se obtiene otro importante triunfo sobre una columna de 350 hombres de las fuerzas navales de los Estados Unidos, comandados por el capitán Mervin. Esta acción frustró la amenaza de un contragolpe estadounidense inmediato y permitió que el 29 de octubre abriera sus sesiones el cuerpo legislativo del departamento y nombrara al capitán José María Flores, gobernador y comandante general, otorgándosele amplios poderes para organizar la resistencia.[62]

No obstante a los logros políticos y las victorias militares de los patriotas les habían permitido reinstalar a las autoridades mexicanas, expulsar a los invasores de la capital de la provincia, de Santa Bárbara, de San Luis Obispo y otras poblaciones, así como establecer un cerco sobre las fuerzas estadounidenses que se habían reagrupado y concentrado en San Diego, la resistencia del pueblo de California se distinguía por su vulnerabilidad. Los patriotas eran superados infinitamente por el enemigo en armamentos y recursos bélicos, así como en el número de tropas en disposición de combatir; las fuerzas de resistencia, compuestas en su mayoría por rancheros y agricultores que debían dedicar tiempo a sus labores, no podían mantener en pie de guerra más que a un número muy reducido de combatientes. La escasez de armas y municiones producía los mismos resultados, pues solo había la posibilidad de suministrar armamento a unos cuantos ciudadanos. La «artillería» del campo leal consistía en un cañón pedrero que se utilizaba en las festividades patrióticas para efectuar salvas y que, no obstante, ¡jugó un papel importante en la derrota del capitán Mervin y sus marinos! Las victorias militares de la resistencia californiana se lograron por la audacia y la maestría de los mexicanos en el manejo de sus cabalgaduras y por el uso experto de la lanza. Estos elementos les permitieron a los patriotas desarrollar una técnica que consistía en iniciar una retirada falsa de caballería que, al encontrarse en terreno favorable y previamente escogido, volvía de pronto sobre sus pasos y efectuaba una mortífera carga «lanza en ristre», contra los sorprendidos perseguidores. Esta peculiar técnica de guerra utilizada por jinetes consumados, dio a los californianos una sonada victoria en la única batalla ganada por los mexicanos durante la contienda entre México y los Estados Unidos que tuvo lugar en San Pascual el 6 de diciembre de 1846 entre las tropas del Ejército del Oeste al mando del general Kearny, «conquistador de Nuevo México», y las fuerzas de resistencia a las órdenes del capitán Andrés Pico. Los perseguidos utilizaron su célebre «huída» que al retornar causó numerosos soldados estadounidenses muertos y heridos, entre los últimos el propio Kearny y un odiado lugarteniente de Frémont, el agente confidencial estadounidense Archibald H. Guillespie, que consideraba a los mexicanos como una raza estúpida y cobarde.

La memorable victoria de San Pascual no cambió la correlación de fuerzas entre los patriotas y los invasores. Ya antes, la división y la desconfianza habían hecho mella en el campo mexicano. Prisioneros estadounidenses, utilizando a algunos colaboradores, habían logrado despertar los sentimientos regionalistas en los californianos contra el comandante Flores, mexicano de la «otra banda», es decir, del interior de México; aconteciendo una intentona para destituirlo, aunque no prosperó, minó la estrecha unidad que durante toda la lucha había sido mantenida entre los nacionales. Además, a principios del año de 1847 se corrió el rumor de que un tratado de paz había sido firmado entre México y los Estados Unidos, lo que influyó también negativamente en el movimiento de resistencia.

Sin subestimar estos hechos circunstanciales, consideramos que una de las causas más importantes para explicar la debilidad del movimiento de resistencia de California fue, sin duda, su composición interna: fundamentado este en dueños y trabajadores de ranchos agrícolas y ganaderos principalmente, la guerra prolongada afectaba seriamente la existencia misma de sus bienes y actividades económicas. Esta particularidad fue observada por los estadounidenses, quienes insistieron en su propaganda de guerra que respetaban las propiedades de los californianos. Este elemento —interrelacionado con los ya mencionados y con la falta de ayuda del gobierno del centro— constituyó un importante factor de disgregación de las fuerzas mexicanas.

Por otro lado, las fuerzas conjuntas de ocupación se reagrupan en gran número y en enero de 1847 inician su marcha hacia Los Ángeles, esta vez con grandes precauciones para no caer en las emboscadas de los defensores. El 9 de enero tiene lugar el último encuentro armado entre los invasores y las fuerzas mexicanas, con un saldo desfavorable para las últimas. Al día siguiente los estadounidenses ocupan la desierta ciudad de Los Ángeles, esta vez definitivamente:

> Este fue el último esfuerzo que los hijos de California hicieron en favor de la libertad e independencia de su patria, cuya defensa siempre les hará honor, pues sin recursos, sin elementos y sin instrucción, se lanzaron a una lucha desigual, en la que más de una vez hicieron conocer a los invasores lo que puede un pueblo cuando pelea en defensa de sus derechos.[63]

Nuevo México

Nosotros hemos venido con intenciones pacíficas
y con sentimientos bondadosos hacia todos ustedes.
Nosotros venimos como amigos, a mejorar su condición
y a hacerles una parte de los Estados Unidos.
Nosotros no venimos a asesinarlos
o a robarles sus propiedades.

General Kearny, 18 de agosto de 1846

Y requiere de aquellos que han dejado sus casas
y tomado las armas contra las tropas de los Estados Unidos,
a regresar inmediatamente a ellas, de lo contrario
serán considerados como enemigos y traidores,
sujetas sus personas a ser castigadas
y sus propiedades a ser tomadas y confiscadas...

General Kearny, 22 de agosto de 1846

No obstante que la ocupación de Nuevo México por las tropas del general Kearny no fue precedida de una vanguardia filibustera como la de Frémont, ni que se intentó representar la socorrida farsa de la «anexión voluntaria», el factor de la dependencia de esta provincia con respecto al comercio con los Estados Unidos y el impacto ideológico de esta en la clase dominante de Nuevo México, jugó un papel mucho más efectivo para facilitar la primera fase de la conquista de este territorio —la ocupación militar— que todas las estratagemas de subversión puestas en práctica por los agentes estadounidenses en California. Es muy significativo advertir que el ejército invasor venía acompañado por la caravana anual a Santa Fe, compuesta de 414 vagones y un valor estimado de las mercancías que transportaba de 1 752 250 dólares. Esta compraventa de productos no solo era el «modus vivendi» de los directamente involucrados en el negocio, también, en los últimos años de la soberanía mexicana, la totalidad de los salarios de los miembros de la administración civil se cubrían con los impuestos que se cobraba a los comerciantes estadounidenses que participaban en esta feria anual.[64] Considerando la importancia de este movimiento comercial, bien podemos inferir sin temor a equivocarnos, que importantes sectores de la clase dominante de Nuevo México se encontraban más preocupados por la suerte de esta caravana, que por el ejército extranjero de invasión que la precedía.

Con todo, al igual que en California, este factor de infiltración que probó ser tan eficaz en la preparación del terreno para la invasión que se avecinaba, no llegó a neutralizar totalmente a los elementos que manifestaban su oposición a la conquista estadounidense y propugnaban la defensa armada del territorio frente al ejército extranjero. Don José Pablo Gallegos, asistente a una reunión del cuerpo legislativo del departamento con el gobernador y comandante general Manuel Armijo, efectuada el 9 de agosto de 1846, relata lo siguiente:

> La mayoría de las personas presentes preferían rendirse sin resistencia: los otros, bajo la dirección de Don Manuel Chávez, Don Miguel Pino, Don Nicolás Pino, Don Tomás C. de Baca, y un abogado llamado Iñigo, que recientemente había llegado de México, sostenían que debía combatirse al enemigo. Los últimos lograron que su opinión prevaleciese.[65]

A pesar de esta decisión de resistir, el general Armijo, funcionario despótico y venal que se había mantenido en el poder por el apoyo del gobierno de Santa Anna, desbanda las tropas a sus órdenes cuando se preparaban para enfrentarse al enemigo en una posición geográfica muy favorable situada en el camino a Santa Fe, huyendo precipitadamente hacia Chihuahua.

Los historiadores Hubert H. Bancroft y R.E. Twitchell, así como el senador Benton, sostuvieron en sus respectivas obras[66] que la súbita deserción de Armijo se produjo debido a la labor del agente secreto estadounidense James W. Magoffin, un comerciante ampliamente conocido en Chihuahua y Nuevo México quien, aprovechando su familiaridad con los miembros del gobierno de la provincia, lo convenció junto a su lugarteniente, el coronel Diego Archuleta, para que no ofrecieran resistencia a las fuerzas del general Kearny. Estos autores dan a entender claramente que ambos oficiales fueron sobornados por Magoffin, aduciendo como prueba la reclamación de este agente secreto por 50 000 dólares —por concepto de gastos durante su misión confidencial— presentada a la consideración del Congreso de los Estados Unidos al terminar la guerra.

Lansing B. Bloom, por otro lado, no acepta la veracidad de esta versión, arguyendo como prueba, el testimonio del diario del teniente J.W. Albert, en el que se sitúa a Magoffin muy lejos de Santa Fe durante las fechas en las que supuestamente tiene lugar la entrevista en la que se realizó el cohecho, sosteniendo este autor en cambio, que fue la cobardía personal de Armijo la causa de su vergonzosa huida.[67] En la mencionada reclamación, Magoffin afirma que él disuadió a los oficiales mexicanos para que abandonaran la idea de resistir a los estadounidenses, pero curiosamente en su cuenta de gastos, pormenorizada al detalle, no aparece en ninguna parte la cantidad supuestamente destinada al soborno de Armijo y de Archuleta. Tampoco da detalles concretos de lo ofrecido a cambio de la pasividad y afirma que el coronel Archuleta fue inducido a no combatir ante el ofrecimiento, supuestamente hecho por Kearny, de que se le dejaría tomar posesión de la parte occidental de Nuevo México, argumento difícil de creer, dado el conflicto bélico, y difícilmente capaz de ser tomado en cuenta por un oficial que cuatro meses después arriesgaría su vida en la frustrada conspiración de diciembre de 1846.

Esta versión que trata de explicar la pasividad inicial de un pueblo ante un enemigo extranjero por medio de la acción exitosa

de un individuo, esta interpretación carente de la debida compro-
bación, es repetida, irresponsablemente, por numerosos autores,
pero dándole el carácter de un hecho cierto y verificado, como lo
hacen por ejemplo, Williams A. Keleher[68] o Sister Mary Loyola.[69] Es
evidente que dada la calidad moral de Armijo, bien pudo no ofrecer
resistencia en razón de cualquiera de las causas expuestas, pero en
tanto no pueda comprobarse exhaustivamente una a otra de las
interpretaciones sobre este problema historiográfico, no es posible
hacer a un lado la posición crítica que requiere toda investigación y
acomodar los hechos en razón a un punto de vista dado.

Por otro lado, independientemente de cuales hayan sido las
circunstancias reales de la deserción de Armijo al aproximarse las
fuerzas invasoras, consideramos más provechoso interpretar la
realidad histórica no sobre la base de la conducta particular de
este o aquel individuo, no de hechos fortuitos y aislados, sino,
con fundamento en un marco de referencia que incluya la interrelación de condiciones económico-sociales y el efecto de esta
interrelación en la acción de determinados individuos en uno u
otro sentido. A este respecto, Leslie White distingue dos principales tipos de interpretación histórica:

> [...] la *psicológica* y la *culturológica*. Especialmente prominente
> en la interpretación psicológica es la explicación de hechos his-
> tóricos en términos de las personalidades de individuos sobresa-
> lientes, pero también recurre al «temperamento» de los pueblos
> o de las razas, y aun a tales cosas como «el espíritu de los tiem-
> pos». El tipo de interpretación culturológica explica la historia
> en términos de fuerzas y procesos culturales, en términos de
> conducta, no de la psique humana, sino de las tecnologías, las
> instituciones, y las filosofías.[70]

El contenido de este estudio trata de fundamentarse, en esencia, en
lo que el doctor White denomina interpretación «culturológica»,

aunque con ciertas discrepancias en términos y conceptos que no cabe explicar. De esta manera, tomando en cuenta la referida dependencia económica de Nuevo México al comercio extranjero y su repercusión en la ideología de la clase dominante, considerando la labor cotidiana de los comerciantes estadounidenses asentados en la provincia, teniendo en mente la larga tradición de corrupción administrativa, es posible explicarnos la pasividad inicial de la población y sus líderes ante el ejército invasor, independientemente de cuáles hayan sido los elementos circunstanciales que intervinieron en este proceso. Consideramos que es a través de este contexto que debemos situar la posible cobardía o traición de un Armijo, la ambición o la falta de resolución de un Archuleta, el colaboracionismo abyecto de un Vigil, acciones, actitudes y calidades morales de individuos que no constituyen la causa, sino el efecto, de una coyuntura histórica determinada.

Ante la deserción de la más alta autoridad civil y militar del departamento, el general Kearny avanza rápidamente hasta la capital de Nuevo México, ocupando Santa Fe el 18 de agosto de 1846 sin que en toda la campaña se hubiese «disparado un solo tiro». Este hecho real —el avance del Ejército del Oeste sin un solo enfrentamiento armado— al ser observado aisladamente y desde el punto de vista de la apología de la expansión estadounidense, hace surgir el mito de la «conquista sin sangre de Nuevo México», que vendría a tener vigencia histórica hasta que los historiadores chicanos señalaron la parcialidad de este punto de vista.[71]

Una vez ocupada la capital del departamento por las fuerzas invasoras, el siguiente paso del general Kearny fue establecer un gobierno militar que preparase el camino para la anexión definitiva del territorio a los Estados Unidos, promulgando leyes, nombrando funcionarios de entre los comerciantes anglos o ratificando en sus puestos a aquellos que habían decidido colaborar con los estadounidenses; y tomar el «juramento de lealtad» hacia el nuevo gobierno.

Hay que reconocer que pocos de los empleados públicos mexicanos fueron los que mantuvieron una actitud digna ante los invasores. Entre ellos hay que destacar al alcalde de San Miguel, al que Kearny —después de repetir su manifiesto sobre los objetivos de conquista definitiva por parte del gobierno de los Estados Unidos— le exigió que rindiera su juramento de alianza con este país. El general Cooke, testigo de los hechos, describe la escena de la siguiente forma:

> [...] había una gran multitud; el general y sus ayudantes, el alcalde y un cura y otras pocas personas, ascendieron a la azotea de una casa que dominaba la plaza; el general, por medio de su intérprete, pronunció su discurso [...] pero tal vez por la influencia del cura, o de la multitud, o por su firmeza personal, el alcalde se rehusó completamente a tomar el juramento. El general, entonces, se extendió sobre [el tema] de la libertad de religión bajo nuestro gobierno [...] toda persecución fracasó y *al final el anciano fue forzado a hacer lo que semejaba la forma de un juramento de alianza.*[72]

En contraste con la conducta patriótica y valerosa del humilde alcalde de San Miguel, el gobernador interino del departamento, después de la partida de Armijo, Juan Bautista Vigil, respondió al discurso pronunciado por Kearny en Santa Fe, con estas palabras:

> General: el discurso que usted ha pronunciado, en el cual anuncia que usted ha tomado posesión de este gran territorio en el nombre de los Estados Unidos de América, nos da una idea del maravilloso futuro que nos espera. No está en nosotros el determinar las fronteras de las naciones. Los gabinetes de México y Washington arreglarán estas diferencias. *Lo que está en nosotros es obedecer y respetar a las autoridades establecidas, sin importar cuáles fueran nuestras opiniones privadas.* Los habitantes de este departamento, humilde y honorablemente presentan su

lealtad y su alianza al gobierno de Norte América. *Nadie en el mundo puede exitosamente resistir el poder de aquel que es el más fuerte.*[73]

Juan Bautista Vigil no expresaba en su alocución su opinión personal, tampoco representaba a los habitantes del departamento entero según lo pretendía. Era el portavoz de los que habían decidido sellar su suerte con los nuevos dueños del poder político, de aquellos que habían comprendido perfectamente que sus intereses de clase serían preservados si cooperaban activamente en la tarea de hacer «obedecer y respetar a las autoridades establecidas», aunque dichas autoridades fuesen el resultado de una conquista militar extranjera. También representaba a un reducido sector de la clase dominante para el cual el futuro ciertamente sería «maravilloso», y decidió sacrificar sus intereses nacionales por compartir el poder de aquel «que era el más fuerte», a quien «nadie en el mundo podía oponerle resistencia con éxito». No podemos encontrar un documento más adecuado para definir este sector que el discurso de Vigil en respuesta a Kearny. En este se expresa claramente la estrechez y egoísmo de clase, el nítido pragmatismo que reconoce el barco que se hunde sin remedio y la tabla salvadora de la colaboración, el instinto por «obedecer» y por «respetar» a la autoridad, sin importar «opiniones privadas» que pudieran poner en duda su legitimidad.

Como era de esperarse, Juan Bautista Vigil había mantenido durante años un estrecho contacto con los mercaderes estadounidenses. Twitchell, al referirse a este personaje, destaca que:

> [...] su trato familiar durante una generación previa con los comerciantes de Santa Fe, «americanos» recién llegados de los Estados [Unidos], sin duda contribuyó a determinar su curso [...] [Vigil] renuncia rápidamente a su comisión como Capitán [...] Su primer acto, después de su renuncia, fue consultar con

sus amigos, aconsejar la no resistencia y preparar una proclama o manifiesto [...] recomendando el sometimiento a las fuerzas de los Estados Unidos.[74]

El mismo autor —mostrando una vez más la incapacidad de numerosos historiadores estadounidenses para «meterse en la piel» de los pueblos con los que se han enfrentado sus compatriotas —asegura que «la ocupación de la capital por el general Kearny, sin la pérdida de vidas en un conflicto sangriento, fue debida en gran parte a la sagaz visión y a la acción *patriótica* del capitán Vigil».[75] Nos preguntamos si Twitchell hubiera calificado de «patriótica» la acción de un compatriota suyo que en el caso de una invasión de un ejército extranjero a su país hubiera seguido una conducta semejante a la de Vigil.

A fines de septiembre de 1846, el general Kearny nombra a Charles Bent gobernador civil del territorio y al coronel Sterling Price comandante militar, partiendo hacia su cita con los patriotas californianos en San Pascual.

Después de la conmoción de los primeros días de la presencia de un ejército extranjero en Nuevo México, la vida diaria del territorio ocupado era de grandes sufrimientos y humillaciones para la mayoría de la población, teniendo que soportar los abusos constantes de la soldadesca enemiga, su desprecio hacia los habitantes nativos y su conducta disoluta y desordenada. Además, ya en el llamado «Código Kearny» se incluyeron una serie de estipulaciones legales que iniciaron el despojo de tierras de propietarios mexicanos, y se empezaron a cobrar elevados impuestos. Justin H. Smith, en su obra *The war with Mexico*, reúne una serie de testimonios sobre la conducta de las tropas estadounidenses y la reacción popular ante las leyes promulgadas por Kearny:

La banda más sucia y alborotadora que jamás haya visto reunida», fue la descripción de las fuerzas americanas de un responsable viajero británico; y un soldado escribe en su diario, «estoy seguro que un grupo más borracho y depravado, no podría jamás ser encontrado». Para caer bien, un oficial tenía que ser relajado, y ser impopular significaba estar expuesto como los buenos oficiales aprehendieron a un sable o una pistola en la cara. La mitad de los capitanes, decía una carta, podían ser encontrados todas las noches en malos sitios. El desorden de la cena de Navidad del gobernador, molestó al pueblo entero [...] «uno comienza a avergonzarse de su propia nación», escribió un buen oficial [...]

Un código de leyes bien intencionado fue redactado, pero contenía ciertas cláusulas gravosas sobre títulos de tierra; y algún impuesto tenía que recabarse. La gente cogió miedo. «Nosotros hemos venido por tu bien; sí, por todos tus bienes», comenzó a ser la interpretación de las palabras de Kearny.[76]

El efecto de esta situación se dejó sentir en la agudización de los sentimientos antinorteamericanos entre el pueblo y entre aquellos elementos que habían propugnado anteriormente la defensa armada del territorio contra el enemigo. G.F. Ruxton, un viajero de nacionalidad inglesa que visitó la provincia, se refiere a la animosidad contra los estadounidenses entre la población:

> Yo encontré en todo Nuevo México que el sentimiento más enconado y la hostilidad más determinada existía contra los americanos, quienes ciertamente en Santa Fe y en todas partes, no habían estado muy ansiosos por conciliar a las gentes, sino que su maltrato y su conducta altanera con la población, había sido en gran medida la causa de este odio.[77]

A principios de diciembre, un grupo de patriotas encabezados por Tomás Ortiz y Diego Archuleta comienzan a reunirse secretamente con objeto de preparar un levantamiento armado contra los ocupantes extranjeros y los colaboracionistas mexicanos y lograr la restauración del gobierno mexicano en el departamento. La mayoría de los participantes en la dirección del plan conspirativo eran miembros del grupo dirigente que desde antes de la ocupación de la provincia se habían mostrado partidarios de la resistencia armada a los estadounidenses y que indudablemente habían reafirmado sus opiniones respecto al carácter opresivo que para la mayoría de los nacionales tendría la permanencia del poder extranjero. E. Bennet Burton hace notar a este respecto, que «había un número de hombres prominentes en Santa Fe y en todas partes del departamento, que estaban en oposición a las instituciones americanas, y no estaban dispuestos entonces a someterse sin algún esfuerzo que buscara la restauración del gobierno mexicano».[78] Tomando en cuenta estas circunstancias podemos considerar a estos proyectos conspirativos como la reacción tardía de resistencia a la invasión, aunque la conducta de las tropas y la situación creada por la ocupación contribuyó en gran medida a crear las condiciones para decidir el levantamiento armado y encontrar el apoyo necesario entre la población del departamento. Con toda certeza Bancroft encuentra la situación revolucionaria de Nuevo México similar a la que presentaba California antes de que se iniciara la lucha armada dirigida por el comandante Flores.[79]

En ambas regiones el alzamiento armado es producto de dos factores; uno lo constituye la oposición de sectores importantes de la población a la eventual conquista estadounidense y la imposibilidad de estos elementos de presentar resistencia en los primeros momentos de la invasión debido a la traición y la deserción de las autoridades civiles y militares; el otro factor es la experiencia de la población en un territorio ocupado por un poder extranjero que desde el primer momento impuso a los mexicanos un sistema de relaciones de discriminación y de explotación.

Cada uno de los participantes en la conspiración tomó a su cargo una región del departamento, con objeto de lograr un ataque simultáneo en la fecha convenida, primero el 19 de diciembre y más tarde se acordó para la noche de Navidad, y así aprovechar al máximo el factor sorpresa. No obstante el secreto mantenido por los patriotas y las precauciones tomadas para efectuar sus reuniones, la delación hizo fracasar la insurrección, cuando la esposa de uno de los complotados puso al tanto de todo a Donaciano Vigil, uno de los más fervientes colaboracionistas del nuevo régimen, y este a su vez alertó inmediatamente a las autoridades estadounidenses. El gobernador Bent escribe el 26 de diciembre:

> El día 17 recibí información de un mexicano, amigo de nuestro gobierno, que una conspiración estaba en pie entre los mexicanos nativos. Inmediatamente hice todo lo que estaba en mi poder para descubrir quienes eran los promotores de la rebelión y se ha tenido éxito en apresar a siete de los conspiradores secundarios. Los oficiales civiles y militares del territorio buscan a los dos líderes [principales] y primeros promotores [...] Hasta donde tengo conocimiento, la conspiración está confinada a los cuatro condados del norte del territorio, y los considerados como líderes no puede decirse que sean hombres de alta posición.[80]

Apresados varios de los dirigentes, escondidos otros e identificados muchos de los simpatizantes del movimiento, las autoridades estadounidenses, no lograron detectar todas las ramificaciones de la rebelión, sobre todo en el nivel de líderes locales que siguieron preparando el levantamiento armado, esta vez con redobladas precauciones. El 19 de enero de 1847, la insurrección estalla en varias poblaciones del departamento.

La sublevación se inicia con el ajusticiamiento del gobernador Charles Bent y otros funcionarios locales, entre los que se contaban varios colaboracionistas mexicanos. También se ataca a los estadounidenses y sus partidarios en Arroyo Hondo y Mora.

En Las Vegas, el alcalde, conocido partidario de los ocupantes, impidió la incorporación de sus conciudadanos en el levantamiento al alertar él mismo al capitán Isaac R. Hendley, comandante de una compañía acantonada en ese pueblo. Este oficial deja un destacamento en Las Vegas y marcha hacia Mora, donde la población había secundado en masa a la rebelión y el día 20 inicia el ataque. Los patriotas no solo resisten el asalto de las tropas, sino que les causan varias bajas, entre ellas la del propio Hendley. La venganza no se hace esperar y el 1ro. de febrero las fuerzas estadounidenses contraatacan furiosamente y obligan a replegarse a los habitantes de Mora hacia las montañas, arrasando completamente el pueblo y destruyendo las reservas de grano con las que se contaba.[81]

Las noticias del levantamiento llegan con rapidez a Santa Fe, donde las tropas regulares y los voluntarios se preparan para reprimir la sublevación. El coronel Price escribe en un informe al secretario de guerra lo siguiente:

> Las noticias de estos sucesos llegan a mí el 20 de enero; y cartas de los rebeldes pidiendo ayuda a los habitantes de Río Abajo, fueron interceptadas. Se había investigado que el enemigo estaba aproximándose a la ciudad y que sus fuerzas estaban siendo continuamente incrementadas por los habitantes de los pueblos a lo largo de su marcha.[82]

El primer encuentro armado entre los invasores al mando de Price, y los patriotas dirigidos por Jesús Tafoya —que cae muerto durante la acción— tiene lugar en el pueblo de La Cañada. La superioridad del enemigo en armamentos, la carencia de artillería por parte de los rebeldes, decidió la suerte de este combate, y de otros dos que se efectúan durante los últimos días de enero, a favor de los estadounidenses, con gran número de bajas entre los mexicanos.

Los resultados negativos de estos enfrentamientos obligan a los patriotas a replegarse hacia Taos, población en la que los insurgentes se atrincheran, aprovechando las antiguas estructuras coloniales como parapeto.

El 3 de febrero se inicia el asedio contra Taos con la orden de Price de bombardear constantemente el pueblo, lo que provoca innumerables bajas entre los combatientes y la población. Este desigual combate, que McWilliams ha calificado de masacre,[83] se prolonga durante todo el día y a la mañana siguiente ante las severas pérdidas de los rebeldes y del pueblo no combatiente —consideradas por Price en su informe como «lección saludable»—[84] los insurgentes son obligados a capitular, siendo sumariamente ejecutados muchos de sus líderes.

Los patriotas hechos prisioneros durante la toma de Taos, no corren una suerte distinta a la de sus camaradas asesinados; una corte marcial los juzga, son acusados y encontrados culpables del delito de traición al gobierno de los Estados Unidos. Un testigo de una de las ejecuciones ofrece una vívida descripción del sentimiento que inspiraba a los patriotas que lucharon en esta trágica rebelión, al recoger las postreras palabras de los condenados:

> En sus breves pero ardientes apelaciones, las palabras «madre» y «padre» podían distinguirse. El que había sido convicto por traición mostró un espíritu de martirio, merecedor de la causa por la cual moría, la libertad de su patria [...] su discurso fue una aseveración firme de su inocencia, de la injusticia de su juicio y de la conducta arbitraria de sus asesinos. Con el seño fruncido, en el momento en que la capucha era colocada sobre su cara, las últimas palabras que pronunció entre dientes fueron: «¡Carajos, los Americanos!».[85]

Este fue el último esfuerzo organizado de resistencia de los patriotas de Nuevo México contra el invasor estadounidense durante la guerra. Solamente uno de los líderes de este movimiento, Manuel Cortés, siguió levantado en armas en la región al este de las montañas Sangre de Cristo, con esporádicos ataques de guerrilla durante el transcurso del año de 1847.

El levantamiento armado de Nuevo México contra el ejército de ocupación estadounidense no obtuvo los éxitos logrados por los patriotas de California, ni consiguió sobrevivir el tiempo necesario para poder organizarse y tomar fuerza; fue aniquilado en escasas tres semanas, sin constituir nunca un peligro real para el poder ocupante, como lo fue en un momento dado el movimiento del comandante Flores. Consideramos que estas diferencias pueden explicarse fundamentalmente en razón de la importancia que la infiltración y la asimilación estadounidenses logró tener en un grupo clave, por su posición política y económica, de clase dominante. El sector representado por Donaciano Vigil y Juan Bautista Vigil jugó un papel fundamental en la división de las fuerzas patrióticas, en la mediatización de los opositores al régimen impuesto por los extranjeros. El elemento táctico a favor de los patriotas, la sorpresa y la sincronización de la insurrección, fue frustrado por la delación de la conspiración de diciembre. Por eso, el levantamiento armado efectuado en enero se inició sin la participación de todas las poblaciones del departamento, según lo originalmente planeado, con muchos de sus dirigentes apresados o en el destierro, con el enemigo alerta y la vigilancia continua de los colaboracionistas. Además, el movimiento armado cometió un error táctico que fue fatal: presentar combates convencionales de posiciones contra un ejército regular perfectamente bien armado. La matanza perpetrada por los estadounidenses en Taos, y las severas pérdidas de los rebeldes en los enfrentamientos de enero, fueron efectuadas con impunidad evidente. Esta forma de guerra llevada a cabo por un pueblo que iniciaba apenas una lucha armada, sin experiencia ni dirigentes militares ni armamento convencional, fue de consecuencias lamentables, imposibles de ser superadas por un movimiento popular profundamente debilitado desde el interior.

La resistencia contra el poder estadounidense establecido

Adiós, compañero bandido. Se acerca la hora. Tu fin está claro y oscuro.
Se sabe que tú no conoces, como el meteoro, el camino seguro.
Se sabe que tú lo desviaste en la cólera como un vendaval solitario.
Pero aquí lo canto porque desgranaste el racimo de ira.
Y se acerca la aurora.
Se acerca la hora en que el iracundo no tenga ya sitio en el mundo.
Y una sombra secreta no habrá sido tu hazaña, Joaquín Murieta.

Pablo Neruda

I

En las páginas anteriores se han analizado las características de la resistencia de los mexicanos frente a la invasión extranjera, los factores que intervinieron —tanto a nivel nacional como regional— en las distintas manifestaciones de lucha armada contra los estadounidenses en la guerra de 1847. Ahora bien, ¿cuál fue el carácter de los movimientos de resistencia una vez establecido el poder estadounidense en los territorios conquistados?, ¿cuáles fueron las condiciones sociales y económicas que dan origen a las distintas formas de protesta contra los nuevos dueños del poder político?, ¿qué grupos o estratos sociales apoyan, inician o se oponen a estas manifestaciones de resistencia?, ¿qué objetivos se planteaban estos movimientos?

Preguntas semejantes demandan de historiadores, antropólogos y sociólogos, interpretaciones y análisis fundamentados en modelos teóricos idóneos para encarar el estudio de movimientos sociales de la naturaleza de los que tienen lugar entre los mexicanos en el siglo XIX. A este respecto, es de gran importancia para el análisis de una de las formas que toma la resistencia en las provincias conquistadas —como lo hacen notar acertadamente Pedro Castillo y Alberto Camarillo—[86] la obra de Eric J. Hobsbawn sobre las formas arcaicas de la rebelión social,[87] y, especialmente, los conceptos que tipifican una de las más generalizadas formas de la protesta primitiva, es el término de «bandolerismo social».[88] La interpretación de este autor sobre el bandolerismo y sus causas rompe con la tradición historiográfica que considera como mero delincuente, como «un fuera de la ley», a todo participante en las luchas armadas contra el poder establecido, situando en un primer plano —en el campo de la investigación histórica— a movimientos sociales que los prejuicios ideológicos y sociales habían relegado al anonimato de los archivos policíacos, las páginas sensacionalistas de los periódicos, leyendas, relatos y cantos populares. Es por eso que la crítica de Hobsbawn de que «bandoleros y salteadores de caminos preocupan a la policía, pero también *debieran* preocupar al historiador»,[89] nos parece completamente justa. El tratamiento que la historiografía estadounidense ha dado a los llamados «bandidos mexicanos», confirma ciertamente nuestro juicio.

Hobsbawn conceptualiza el bandolerismo social como una de las formas más primitivas de protesta social organizada —quizás la más primitiva— y sitúa este fenómeno casi universalmente en condiciones rurales, cuando el oprimido no ha alcanzado conciencia política, ni adquirido métodos más eficaces de agitación social, circunstancias que bien pueden caracterizar la realidad y el estado de conciencia política de la población mexicana en el momento de la conquista de su territorio.

Es también de gran importancia para la aplicación de los conceptos de Hobsbawn a nuestro caso concreto —la resistencia mexicana contra el poder estadounidense— destacar un rasgo esencial del bandolerismo social que parece corresponder fielmente a

la realidad histórica de nuestro objeto de estudio: esta forma de
protesta social surge especialmente —y se torna endémica y epidémica según— durante períodos de tensión y desquiciamiento,
en épocas de estrecheces anormales «como hambres y guerras,
después de ellos, o en el momento en que los colmillos del dinámico mundo moderno se hincan en las comunidades estáticas
para destruirlas o transformarlas».[90] Al respecto, no es necesario
recordar en detalle las características que ofrecimos en el capítulo II sobre los cambios socioeconómicos provocados por la conquista estadounidense de los territorios mexicanos, para darnos
cuenta de que el marco estructural y las «estrecheces anormales»
se encuentran presentes en Texas, Nuevo México y California en
las décadas que siguen a la terminación de la guerra. Los sucesos
posteriores a este conflicto bélico: la violencia con la que irrumpe
el capitalismo estadounidense —ese dinámico mundo moderno—
en el suroeste, el despojo de las propiedades de los mexicanos,
su desplazamiento de la dirección de las principales actividades
económicas, la proletarización forzada, el status social y político
al que se vieron reducidos en escasos veinte años, crearon las
condiciones definidas por Hobsbawn como las propicias para la
aparición del bandolerismo social.

Ante situaciones semejantes, el bandolerismo social se presenta
como una forma individual y «prepolítica» de resistir a los ricos,
o, en nuestro caso, a los opresores extranjeros, a las fuerzas que, de
una u otra forma, destruyen el orden considerado como «tradicional» —en condiciones extraordinariamente violentas, provocando
cambios notables en un espacio de tiempo relativamente corto—.
Esta situación se presenta especialmente en California, donde el
descubrimiento del oro provocó en menos de diez años, cambios
radicales en la existencia social y económica de los mexicanos.

El bandolero social, por lo tanto, representa un rechazo *individual* de las nuevas fuerzas sociales que imponen un poder cuya

autoridad no es del todo reconocida o sancionada por la comunidad, que ayuda y protege al bandolero. La existencia de esta cooperación por parte de una población oprimida es fundamental para diferenciarlo del simple delincuente. Y es que al enfrentarse contra los opresores —aunque sea por medios delictivos— el pueblo oprimido ve expresado sus anhelos íntimos de rebeldía. Por este motivo, toma el papel o es transformado en el vengador o defensor del pueblo. Estos «símbolos» de la rebeldía popular son hombres que generalmente «se rehusan a jugar el papel sumiso que la sociedad impone... los orgullosos, los recalcitrantes, los rebeldes individuales... los que al enfrentarse a una injusticia o a una forma de persecución, rechazan ser sometidos dócilmente».[91]

Sin embargo, como toda rebelión individual, es en las características propias del bandolero social que radica la naturaleza limitada de esta forma de protesta:

> Y es que el bandolerismo social, aunque protesta, es una protesta recatada y nada revolucionaria [...] No protesta contra el hecho de que los campesinos sean pobres y estén oprimidos, sino contra el hecho de que la pobreza y la opresión resulten excesivas. De los héroes bandoleros no se espera que configuren un mundo de igualdad. Solamente pueden enderezar yerros y demostrar que algunas veces la opresión puede revertirse. La función práctica que desempeña el bandido es en el mejor de los casos, la de imponer ciertas limitaciones a la opresión [...] Sopesa de desorden, asesinato y extorsión.[92]

Por estas razones, el bandolero social, aunque impulsado en muchas ocasiones por un ardiente deseo de justicia, por un afán de venganza contra los opresores, no puede ser considerado —dentro de un marco de referencia estrictamente sociológico— como un revolucionario: el bandolero social no se plantea con sus acciones la transformación del mundo, sino que intenta, en el mejor de los casos, poner un coto a los abusos o revertir la violencia contra los dominadores; su papel no es acabar con el sistema que da origen a la opresión y explotación contra las que se enfrenta, sino más bien, hacer que queden limitadas dentro de los valores tradicionales que la población que lo protege considera como «justos». Por lo tanto, por su acción e ideología, es un reformista: actúa dentro del marco institucional impuesto por un sistema cuya existencia no es puesta en tela de juicio. Por ello, «para convertirse en defensores eficaces de su pueblo, los bandoleros tendrían que dejar de serlo».[93] ¡He aquí la paradoja esencial de este tipo de rebeldía!

Expuestos los elementos básicos del bandolerismo social, consideramos que sus conceptos pueden definir perfectamente el período que en California y, en casos aislados en Texas y Nuevo México, corresponde a lo expresado por Hobsbawn. No es una casualidad que la creación literaria del personaje conocido como Joaquín Murieta,[94] reúna todos los rasgos del arquetipo del bandolero social. Tiburcio Vásquez, que fue ajusticiado por los estadounidenses en 1875, que vivió por más de veinte años robando «al gringo» y repartiendo una parte del producto de sus andanzas entre los californianos,[95] representa también la imagen misma. Murieta, que a pesar de ser una ficción literaria puede tornársele como la expresión real de la época histórica que sigue a la expulsión de los mexicanos de las minas californianas, y Vásquez,[96] producto de la misma realidad social que creó al primero, se enfrentan a los opresores por medio del bandolerismo, contando con el apoyo, admiración y protección de la población: víctimas y victimarios de una sociedad que les cerraba a ellos y a su pueblo todos los caminos de la dignidad y la justicia.

Si Joaquín Murieta y Tiburcio Vásquez alcanzaron gran celebridad gracias al folklore, la literatura y hasta el cinematógrafo, numerosos compatriotas suyos siguieron anónimamente sus pasos durante el período que va de 1850 a 1880 aproximadamente. La historia y no la leyenda, nos ofrece personajes que aunque no han sido cantados por poetas de la talla de Pablo Neruda, ni han sido objeto de numerosas biografías, sí han poseído las características singulares que hicieron famosos a sus compañeros de infortunio. Desde la conquista estadounidense de California un gran número de mexicanos desplazados de las minas, desposeídos de sus tierras o sin medios económicos, en un mundo cada vez más hostil, se ven en la necesidad o son llevados por los hechos circunstanciales de una vida en constante conflicto con el anglo, a recurrir al único camino que la sociedad les ofrecía para sobrevivir. Además, para muchos el robo al estadounidense no era más que una forma de recobrar lo que consideraban suyo; muchos otros, los más conscientes, coloreaban sus actividades contra la población ocupante y las autoridades con sentimientos de resistencia nacional.

Tiburcio Vásquez llegó a afirmar que contando con 60 000 dólares él sería capaz de reclutar suficientes hombres y armas como para revolucionar el sur de California.[97] Él mismo explicaba a un periodista las motivaciones que le habían llevado a seguir su azarosa existencia:

> Mi carrera surgió de las circunstancias de las cuales fui rodeado. En mi juventud yo tenía el hábito de asistir a los bailes y a las fiestas dadas por los nativos californios, durante las cuales los americanos, que entonces empezaron a ser numerosos, imponían su presencia y hacían a un lado a los californios, monopolizando los bailes y las mujeres. Esto fue como en 1852. [Entonces], un espíritu de odio y de venganza tomó posesión de mí. Yo tuve numerosas peleas en defensa de lo que yo creía eran mis derechos y los de mis compañeros. Los oficiales [de policía] estaban continuamente persiguiéndome. Yo creo que nosotros éramos injusta y erróneamente privados de los derechos sociales que nos pertenecían.[98]

Al igual que Tiburcio Vásquez, y a excepción de los sectores de la antigua clase dominante que había establecido alianzas de clase con el conquistador estadounidense, la población en general tenía los suficientes resentimientos y las más variadas razones para apoyar y proteger a los bandoleros sociales mexicanos, cuando no, para engrosar las filas de este tipo de rebeldía. Este estado de cosas fue observado con claridad por Hubert H. Bancroft, aunque es necesario expurgar sus comentarios de sus acostumbrados prejuicios antimexicanos:

> Existió por diez o quince años después de la conquista entre la población nativa, ignorantes y medio indios, un odio a los americanos que cultivaban como patriotismo, y, sobre la base de que los americanos les habían quitado su país [...] justificaban quitarles la vida a los intrusos, y tomar para sí las riquezas robadas a su país. Cientos de asesinatos en las carreteras de todo el estado, fueron cometidos por estos asesinos. Hacia 1850 empiezan a formar bandas formidables por su número y sus crímenes. Al principio operaban principalmente en los condados sureños, pero muy pronto infestaron todas las regiones mineras del estado, y todas las carreteras.[99]

Las razones socioeconómicas del bandolerismo social en California fueron también descritas, aunque con más objetividad, por J.M. Guinn, quien hace notar la «extraña metamorfosis» que tiene lugar en el carácter de las «clases humildes» de los nativos de esta provincia:

> Antes de la conquista por los norteamericanos eran un pueblo pacífico y satisfecho. No había entre ellos bandas organizadas de facinerosos [...] Los norteamericanos no solo tomaron posesión de su país y su gobierno, sino que en muchos casos los despojaron de sus tierras ancestrales y su propiedad personal.

La injusticia causó resentimientos, y con frecuencia fueron tratados por los elementos norteamericanos más rudos, como extraños e intrusos, que no tenían derechos en su tierra natal.[100]

La actividad creciente de los bandoleros sociales mexicanos dan pretexto a los estadounidenses para realizar numerosos linchamientos y ataques indiscriminados contra la población, intensificándose los odios y los temores mutuos entre anglos y californianos. Se forman partidas de *rangers* y de vigilantes que toman la ley en sus manos y los castigos favoritos eran el linchamiento y la horca, cuando un indio o mexicano estaba implicado en algún delito. También, hacia 1851 aparece una partida de bandoleros, esta vez estadounidenses, acaudillada por un texano llamado, John Irving —antiguo *ranger* y capitán de caballería durante la guerra— que aterroriza a la población mexicana del condado de Los Ángeles hasta que la banda es emboscada por un grupo de indios Coahuilas. Posteriormente se descubrió que había un acuerdo entre los voluntarios de la milicia estatal y el bandido texano, para asolar a la población con sus correrías. Este hecho tiene importancia porque confirma una observación de Hobsbawn en el sentido de que los opresores pueden tolerar, apoyar o utilizar a ciertos delincuentes como una manera de aterrorizar al oprimido, sin que estas acciones sean efectuadas directamente por sus instituciones represivas. Como recordaremos, Scott utilizó a grupos de bandoleros en su represión de la resistencia en el centro de México. Esta utilización del bandolero por el Estado, por conquistadores extranjeros, o por caciques locales es posible porque el bandolero como «estado rebelde a nivel individual, es por sí un fenómeno socialmente neutro, y por lo tanto refleja las divisiones y las luchas internas de la sociedad».[101]

Bancroft y otros autores mencionan numerosos caudillos bandoleros que se mantienen en virtual estado de guerra contra las autoridades estadounidenses, distinguiéndose Francisco García, Anastacio García, Juan Flores, Andrés Fontes, Juan Cartabo, entre muchos otros.[102] La situación provocada por las acciones de estos hombres llega a hacer peligrar el equilibrio y la alianza de clase que los estadounidenses mantenían con la antigua élite mexicana, por lo que varios miembros de la misma se ven en la necesidad de mostrar su «lealtad» hacia los nuevos dueños del poder político-económico participando en la organización de destacamentos armados para combatir a sus compatriotas. Estos grupos de vigilantes al servicio del anglo y sus intereses de clase, con las ventajas de su origen y su conocimiento del terreno, con familiares e informantes entre la población, logran obtener mejores resultados en la lucha contra los bandoleros sociales mexicanos, siendo apresados y sumariamente ejecutados muchos de los principales jefes de cuadrilla, lográndose restablecer con esta toma de partido —según Bancroft— la confianza entre las dos razas.[103] Esta acción de los colaboracionistas mexicanos —los ascendientes de los modernos «cocos» (morenos por fuera, blancos por dentro)— confirma nuevamente una tendencia del bandolerismo social, en el sentido de que este fenómeno puede ser aniquilado con relativa facilidad, cuando «la vieja y la nueva opresión se alían, dejando [a los bandoleros] aislados e indefensos».[104] También, este hecho nos muestra que la utilización de los elementos mexicanos aliados al poder estadounidense para manipular, controlar y, llegado el caso, reprimir a su propio pueblo, ha sido una constante en la historia de los chicanos, hasta nuestros días.

Hemos ofrecido una descripción general del bandolerismo social en California porque —de todo el suroeste— es en esta región que lo encontramos presente como un fenómeno extendido entre la población mexicana durante un período relativamente prolongado, además, aquí —en su forma endémica y epidémica— caracterizó la reacción de los mexicanos a la conquista estadounidense de su territorio. Naturalmente, esta forma de protesta no fue la única que expresó el descontento de los californianos, sectores minoritarios de la antigua clase dominante enarbolan una fraseología de protesta para lograr algunas concesiones del poder estadounidense —en su mayoría de carácter legislativo— a través de los canales institucionales que la democracia burguesa ofrecía a los que lograban «adaptarse» a la misma. Generalmente a la consecución de estos objetivos reformistas favorecían particularmente los intereses individuales de los que los promovían, obteniendo cargos políticos o administrativos de los poderes federales y estatales, lo que en última instancia redundaba en una mejor manipulación de los mexicanos por parte del poder anglo. Por esta razón, desde el punto de vista de la clase desposeída de California, los caudillos bandoleros de estos años representaban fielmente los sentimientos de su frustración y rebeldía ante el yugo extranjero: los bandoleros sociales pertenecían al pueblo; hablaban el lenguaje de la acción directa que la mayoría comprendía, muchos de ellos surgían de la propia masa y sus vidas y personas eran conocidas, como conocidos los móviles que les hacían remontarse al monte; pero sobre todo, dado el nivel político de la mayoría de los mexicanos en esta época, tomando en cuenta su división interna de clase, el bandolerismo social constituía uno de los pocos caminos a disposición del común del pueblo para encauzar su protesta contra la situación injusta y desesperada que padecían.

En Texas y Nuevo México se dan casos aislados de bandolerismo social, pero sin que llegue a cristalizar como una forma generalizada de resistencia al poder estadounidense. De esta manera tenemos casos como el de Sóstenes L'Archevêque —en la región fronteriza entre Texas y Nuevo México— que ante la muerte de su padre en manos de los estadounidenses, inicia una sangrienta *vendetta* que lo llevó a obtener «veintitrés marcas de gringos en su escopeta: dos marcas más que las encontradas en la escopeta de Billy the Kid».[105]

En Texas no encontramos muchos casos que pueden ser definidos dentro del concepto de bandolerismo social, aunque en la frontera entre México y los Estados Unidos se desarrolla por muchos años una guerra no declarada entre anglos, indios, y mexicanos del sur y del norte del Río Bravo. Paul S. Taylor describe la situación fronteriza de la siguiente manera:

> La fricción a lo largo de la frontera de Texas fue intensa y casi continua. El desorden de una zona ganadera fronteriza fue agravado por complicaciones internacionales y una hostilidad interracial que incluía mexicanos, indios y americanos. Hubo robo, asesinato, incendio premeditado, expediciones armadas de forajidos o bandas irregulares de mexicanos y americanos, y choques entre tropas de las dos naciones y del estado de Texas. No es extraño que hubo también una intensificación de animosidades ya bien desarrolladas por las experiencias de muchos años.[106]

Al respecto, numerosos autores estadounidenses han tratado de equilibrar las agresiones de tal manera que parecería que hubo tantos ataques armados de un lado como de otro, tantas injusticias y arbitrariedades cometidas por una parte como por la otra; de esta manera ningún país tiene la responsabilidad histórica de la agresión: cada uno fue «sancionado» por el otro de los perjuicios que a su vez cometió. Desgraciadamente la realidad no fue la que pretende presentar la justificación moralista del equilibrismo interpretativo; no es una casualidad que el efecto de la vecindad estadounidense en nuestro país, haya hecho surgir en el siglo XIX la conocida frase de «tan lejos de Dios… y tan cerca de los Estados Unidos», y que perdure en la tradición popular. México, como un país débil en las fronteras del bastión principal del sistema capitalista desarrollado, tuvo que soportar —sin hablar de la pérdida de gran parte de su territorio— innumerables agresiones armadas, económicas y políticas de su «buen vecino». En su frontera norte, sufrió de incontables invasiones filibusteras por parte de aventureros que deseaban apoderarse de otras regiones de nuestro territorio; se registraron numerosos ataques armados, saqueos e incendios de poblaciones y rancherías por parte del ejército de los Estados Unidos y de diversas autoridades estatales; estas mismas toleraron, protegieron y muchas veces participaron en el robo de ganado y el contrabando en gran escala; hubo también irrupciones constantes de indígenas a territorio mexicano, azuzados y armados por los estadounidenses, etc.[107] Consideramos que este problema tan importante merece un estudio en sí mismo y nuestro interés por mencionarlo en su generalidad radica en el hecho de que los conflictos fronterizos tuvieron implicaciones indirectas con la resistencia de los mexicanos del norte del río Bravo. Sin embargo, para los fines del análisis sociológico al histórico, estos conflictos deben ser considerados dentro del marco de las relaciones internacionales y no como parte del fenómeno del bandolerismo social.

El concepto de bandolerismo social, como todo modelo interpretativo que ofrece una serie de tendencias generales de clasificación para el análisis de casos históricos concretos, corre el riesgo de ser aplicado esquemáticamente y sus postulados pueden llegar a generalizarse en forma errónea, de tal manera que todo ejemplo de resistencia individual o de enfrentamiento al poder establecido llegue a considerarse como parte de esta forma de rebelión social. Nos parece que este es precisamente el caso de Pedro Castillo y Alberto Camarillo. Estos autores utilizan el concepto de Hobsbawn en su «Introducción» a una serie de artículos biográficos[108] de cinco personajes que representaron distintas formas de resistencia o de inconformidad hacia el poder estadounidense: Tiburcio Vásquez, Joaquín Murieta, Elfego Baca, Juan N. Cortina y Gregorio Cortez, calificando a todos ellos como bandoleros sociales. En nuestra opinión, Tiburcio Vásquez y Joaquín Murieta —de quienes ya hemos hecho referencia— pueden ser considerados dentro de esta categoría.

Elfego Baca, los mismos Castillo y Camarillo lo afirman, «no fue ciertamente un bandido, un criminal o un fuera de la ley».[109] Todo lo contrario, a la edad de 19 años se da a conocer en todo Nuevo México cuando en su calidad de *sheriff* suplente, arresta en Frisco a un vaquero texano que escandalizaba en la vía pública y provocaba con este hecho —un tanto insólito para la época— un enfrentamiento con numerosos compañeros del individuo arrestado, que no podían permitir que un *greaser* pusiera el peso de su ley en un anglo. El sheriff Baca se atrinchera en un jacal y durante 36 horas resiste ileso el ataque a balazos de los estadounidenses, con varios muertos y heridos por parte de los sitiadores. Esta singular hazaña fue el inicio no de una rebelión o de una vida fuera de la ley, sino el principio de una carrera de «ley y orden», como titulara un biógrafo su libro para referirse a la persona de Baca. Efectivamente, Elfego llega a ser *marshall*, abogado, alcalde del pueblo de Socorro, procurador de distrito y, desgraciadamente, representante de los intereses de Victoriano Huerta en los Estados Unidos. El propio Baca, recordando sus tempranas ambiciones declaró que, después del suceso de Frisco, su mayor deseo era ser el oficial de policía número uno del estado y que los fuera de la ley escucharan sus pasos a una cuadra de distancia.[110]

A pesar de que las hazañas de Elfego Baca como «guardián del orden» llenaron de admiración a muchos de sus contemporáneos mexicanos que veían en sus acciones la posibilidad de que la ley fuese aplicable también para el anglo, es realmente una ironía que este representante de una pequeña burguesía mexicana que iba gestándose y abriéndose paso con esfuerzos, pueda ser considerado como un bandolero social, un rebelde, o como afirman Castillo y Camarillo, «una fuente de orgullo y, un símbolo de resistencia para el pueblo chicano».[111] En ningún momento creemos que lo represente o simbolice si no que el triunfo de un hombre valiente y ambicioso que aprende las reglas del juego capitalista y se lanza a la vida con objetivos personales precisos, es el individuo que «va adelante por sus propios esfuerzos», que logra establecerse, el clásico hombre de acción que se sitúa del lado de los ganadores. En la práctica, la labor de Elfego Baca fue la de ayudar a establecer el mismo sistema que siguió causando la miseria y la explotación de los mexicanos, que siguió produciendo los mismos delincuentes que él encarcelaba en nombre de una justicia, que no era de ninguna manera la de su pueblo. Fue el guardián de un orden del que nunca se preguntó a quién beneficiaba y a quién perjudicaba, lo importante fue, que lo benefició a él y a los intereses que él representaba. Cabe señalar que no tratamos con estas observaciones de disminuir las cualidades que indudablemente Elfego Baca poseía, pero nos parece necesario en el juicio de personajes históricos: destacar la corriente de clase a la que pertenecían, el sistema por el que en última instancia luchaban y las fuerzas sociales que representaban.

Por otro lado, el error en el que incurren Pedro Castillo y Alberto Camarillo, desde el punto de vista metodológico, es el de poner demasiado énfasis en un factor subjetivo para su clasificación del bandolerismo social: estos autores definen a un individuo como «bandolero social» si la clase dominante o el grupo extranjero opresor lo considera como un «fuera de la ley» o como un bandido, y si el grupo oprimido a su vez, lo considera como un defensor de sus derechos y un protector. Así, refiriéndose a Elfego Baca afirman que no fue un criminal, sin embargo: muchos anglos de Nuevo México lo consideraron como tal, porque durante toda su vida, Elfego desafió «el modo anglo de hacer las cosas». Para su propia gente, Elfego viene a ser un héroe; él fue un defensor sin miedo del Chicano.

Elfego Baca es probablemente el chicano más singular que nosotros podamos describir generalmente como un bandido social...[112]

En otras palabras, se destaca la actitud subjetiva favorable y desfavorable que las clases o los grupos en conflicto mantienen hacia un determinado individuo, sin tomar en cuenta si las *acciones* del supuesto bandolero social corresponden a las características de este tipo de rebelde primitivo, sin analizar si las relaciones entre el individuo, y el Estado al que supuestamente se enfrenta, son relaciones permeadas de la contradicción inherente a la protesta, la inconformidad o la rebeldía. Además, no basta con que los opresores califiquen *subjetivamente* a un individuo como un «fuera de la ley», es necesario que *objetivamente* el individuo aparezca ante el Estado como culpable de algún delito (Vásquez, Murieta, L'Archevêque), pero que a los ojos de la comunidad que lo apoya y que protege, este delito esté dirigido contra los intereses de los opresores, o no sea considerado como tal por los valores del grupo oprimido (homicidio en defensa propia, «del honor», venganza, robo a los considerados como explotadores —de aquí el famoso refrán popular «ladrón que roba a ladrón, tiene cien años de perdón»— errores o intrigas judiciales, etc.). A este respecto afirma Hobsbawn:

> Un hombre se vuelve bandolero porque hace algo que la opinión local no considera delictivo, pero que es criminal ante los ojos del Estado o de los grupos rectores de la localidad [...] Desde luego, casi todo el que tome la contra a los opresores y al Estado será con toda probabilidad considerado una víctima, un héroe, o ambas cosas.[113]

Nuevamente, sobre la base de estas premisas, consideramos que el concepto del bandolerismo social no es el adecuado para evaluar la personalidad de Elfego Baca: sus relaciones con el Estado —el mismo que mantenía subyugado a su pueblo— fueron más que armoniosas dado que él estaba a su servicio; sus acciones sirvieron históricamente para consolidar el poder estadounidense y personalmente, para que alcanzara una posición social en Nuevo México; y, sobre todo, sus combates jamás estuvieron dirigidos contra los intereses o las prerrogativas económicas de los opresores estadounidenses.

II

El general Juan Nepomuceno Cortina, personaje extraordinariamente interesante y rico en lides e ideales, es otro caso en la historia de la resistencia de los mexicanos en los Estados Unidos en el que no es posible aplicar los conceptos del bandolerismo social. Como lo hace notar claramente Rodolfo Acuña, Juan N. Cortina va más allá de las características peculiares.[114] También Castillo y Camarillo reconocen en principio que no encaja en el papel del «típico» bandido social chicano.[115] Efectivamente, desde el punto de vista de las formas y de los métodos que adquiere la rebelión de Cortina contra el poder estadounidense, desde la perspectiva ideológica que fundamenta su movimiento, y tomando en cuenta el grado de organización que alcanza su protesta, desborda los estrechos límites del bandolero social.

Juan Nepomuceno Cortina, afirman los biógrafos que demuestran la mayor objetividad y que inspiran la mayor confianza,[116] fue por su extracción de clase —familia acomodada con características patriarcales— y por sus aptitudes personales, un líder de hombres, defensor del pueblo.

Durante la guerra entre México y los Estados Unidos, a las órdenes del general Arista, combate contra las tropas de Taylor, participando en las batallas que tienen lugar en el noreste del país. Este conflicto bélico deja huella en los jóvenes que como él, habían manifestado un interés espontáneo en la defensa de su patria ante la invasión extranjera y habían sido testigos de los desmanes de la soldadesca estadounidense.

Su familia, originaria de Camargo, Tamaulipas, teniendo sus propiedades del lado norte del río Bravo, decide permanecer en sus tierras cuando el poder estadounidense se establece en la región. Con la llegada de los anglos al río Bravo, esta vez con las armas más sutiles, pero no por eso menos efectivas, de la economía capitalista en expansión, Cortina resiente profundamente la condición a la que en poco tiempo se ven sometidos sus compatriotas, experimentando en carne propia la naturaleza discriminatoria del nuevo poder. También, como todos los propietarios de origen mexicano en el suroeste, los Cortina se ven envueltos en las maquinaciones legalistas de abogados y aventureros ansiosos de hacer fortuna a expensas de los vencidos, de tal manera que se ven despojados de gran parte de su antiguo patrimonio. Goldfinch describe la clase de hombres que realizaban este despojo injusto y el contexto ideológico que los respaldaba:

Dentro del patrón cultural americano había un énfasis en el progreso, en el establecimiento de relaciones propias de los negocios, y, quizás, más *atención a los derechos de propiedad que a los derechos humanos*. Para hombres como Stillman [un especulador en tierras], la acumulación de riquezas era su primera consideración [...] Sus sentimientos acerca de los mexicanos no eran personales, pero él no permitía que los derechos [de los mexicanos] se situaran entre su persona y su ambición material.

No eran, sin embargo, los «Stillman» los que ofendían tanto a los mexicanos como aquellos que se unían a ellos por interés y usaban su presencia y su poder como escudo para sus propias persecuciones mezquinas de mexicanos [...] estos hombres actuaban como agentes de los «Stillmans» y les ayudaban a adquirir las propiedades de los mexicanos, a cambio de ser recompensados con cargos menores en la policía y con el conocimiento de pertenecer a la clase dirigente. Había otro angloamericano de la variedad de King Fisher que no respetaba los derechos de nadie [...] Contra estos, los mexicanos tenían pocos recursos legales, ya que los poderes de las cortes y de la policía estaban en manos de los americanos, muchos de los cuales no consideraban un crimen el matar mexicanos y para quienes el maltrato de los mismos era un pasatiempo diario.[117]

Ante el predominio de semejantes «variedades» de individuos, y habiendo crecido en el ambiente de relativa libertad e independencia asociado a la vida del vaquero, Juan N. Cortina se forja un carácter que no lo hacía apto precisamente, para adaptarse «al mundo de oportunidades» que ofrecía el sistema imperante a los jóvenes «emprendedores» de la antigua clase dominante que no mostrasen mayor interés por la suerte que corrieran sus compatriotas menos afortunados, y que además, se conformase con posiciones secundarias en relación a los estadounidenses. Él no encajaba en este tipo de hombres. Afirma José T. Canales: «simpatizaba con "los de abajo" entre sus conciudadanos, y se oponía a la esclavitud humana, y esta es la razón por la cual vino a ser tan popular entre el común del pueblo».[118] Distinguiéndose por estos notables rasgos de su personalidad no es extraño que a diferencia de sus hermanos, que logran integrarse rápidamente en el nuevo estado de cosas, Cortina prefiere seguir una vida que lo llevaría inevitablemente al enfrentamiento directo contra los opresores estadounidenses:

En la madrugada del día 28 de septiembre de 1859, los habitantes de la ciudad de Brownsville fueron súbitamente despertados por los disparos de una fuerza armada de mexicanos que recorrían las calles gritando: «¡Mueran los Americanos!», «¡Viva la República Mexicana!».

Juan N. Cortina, a la cabeza de los rebeldes, decide hacer la justicia que los opresores norteamericanos no ofrecían, tres anglos que habían asesinado a unos mexicanos y que habían sido dejados libres y sin cargos judiciales por las autoridades, son ajusticiados inmediatamente. Un destacamento procede a excarcelar a los presos que habían sido detenidos injustamente, mientras que otro trata de izar la bandera mexicana en el asta de un cuartel de tropas federales llamado Fort Brown, abandonado por estas unos meses atrás.[119]

Los agentes de la «ley», que vivían aterrorizando a los mexicanos constantemente y que participaban directamente en el despojo de sus tierras, escapan a la ira popular, uno al esconderse en un horno, y el otro al pedir protección a una familia que Cortina respetaba.[120]

El ataque se realiza con el objetivo concreto de hacer justicia contra asesinos notorios de mexicanos y en ningún momento se roba o se maltrata a personas inocentes. Goldfinch, basándose en una entrevista que realizó al nieto del propietario de una armería de la ciudad tomada, ofrece una prueba contundente de la conducta de Cortina durante el ataque:

Con todo que Cortina había tomado la ley en sus manos, no robó ni saqueó cuando tuvo a la ciudad a su merced, como lo hubiera hecho si hubiese sido un bandido [...] Alejandro Werbiski tenía una tienda [...] a la cual Cortina se aproximó. La esposa de Werbiski, que era una mexicana, comenzó a llorar por el temor de que a su esposo se le maltratase. Cortina la calmó, y *le dijo que esa no era noche para lágrimas mexicanas*, preguntándole por su esposo. Cuando este apareció, Cortina le informó que quería todas las armas y las municiones que la tienda contenía. Cuando Cortina las había obtenido, las distribuyó entre sus hombres y pagó a Werbiski por ellas.[121]

Una vez llevados a cabo los propósitos que los habían hecho tomar Brownsville, Cortina y sus seguidores se retiran al rancho El Carmen, propiedad de su madre, en donde se establece su campamento y se redacta el manifiesto que publicaría dos días después de su sorpresivo ataque.

En la proclama del 30 de septiembre de 1859 se especifican, por un lado, las razones concretas por las cuales el grupo armado se apodera de la ciudad, y por el otro, se exponen las causas de fondo que provocaban un profundo descontento entre los mexicanos. A través de este manifiesto podemos inferir que con anterioridad a la acción armada, se había discutido en una reunión popular la situación que padecían y las maneras a utilizar para encauzar su descontento: «Para defendernos a nosotros mismos, y haciendo uso del sagrado derecho de autopreservación, nos hemos reunido en asamblea popular con el objetivo de discutir las formas por las cuales poner fin a nuestras desventuras».[122]

El documento distingue claramente las características generales que hacían de los mexicanos un grupo nacional unificado por los padecimientos y experiencias comunes que acarreaba la opresión extranjera:

> Nuestra identidad de origen, nuestra relación y la comunidad de nuestros sufrimientos, ha sido la causa de nuestra unión [...] Nuestra conducta dará evidencia al mundo entero que todas las aspiraciones de los mexicanos se reducen a una sola: la de ser hombres libres.[123]

En relación a los propósitos inmediatos que llevó a los rebeldes a realizar su ataque, Cortina afirma en su proclama:

> Nuestro objetivo [...] ha sido castigar la villanía de nuestros enemigos, los cuales de no ser así, hubieran quedado impunes [...] nosotros hemos recorrido las calles de la ciudad en búsque-

da de nuestros adversarios, debido a que el hecho de que ellos
administren la justicia, ha provocado que la supremacía de la
ley no logre sus propósitos.[124]

En la proclama del 30 de septiembre se observa con claridad que
en el despojo de las tierras y propiedades de los mexicanos radi-
caba la causa fundamental del movimiento de rebelión dirigido
por Juan N. Cortina; la mayor parte del manifiesto está dedicado
a denunciar la «confabulación» de abogados y autoridades locales
con objeto de incautar las posesiones:

> [Existe una conspiración] para perseguirnos y robarnos sin otra
> causa y por ningún otro motivo de nuestra parte que la de ser de
> origen mexicano, y considerarnos sin duda, destituidos de esos
> bienes que ellos mismos no poseen […] [se ha formado] con una
> multitud de abogados un conclave secreto […] con el propósito
> de despojar a los mexicanos de sus tierras para después usu-
> fructuarlas. Esto está claramente probado por la conducta de un
> tal Adolph Glaveke, quien investido en su carácter de *sheriff*, ha
> expandido el terror entre los no prevenidos, haciéndoles creer
> que colgará a los mexicanos y quemará sus ranchos, para de
> esta manera obligarles a abandonar el país […] Pero, nuestros
> enemigos personales no poseerán nuestras tierras hasta que
> ellos las hayan regado con su propia sangre.[125]

A pesar del tono de indignación mantenido a lo largo de la
proclama, la protesta de los insurrectos no se hacía extensiva a
todos los estadounidenses indiscriminadamente; Cortina reitera
varias veces que: «No hay por qué tener miedo. Gente ordenada
y ciudadanos honestos son inviolables para nosotros en sus
personas y en sus intereses. Gente inocentes no sufrirán».[126]

En el mismo sentido, de la lectura de este documento puede
distinguirse que el movimiento de rebelión de los mexicanos se
realizaba dentro de los límites locales o regionales, y por lo tanto,

no se planteaba la ilegitimidad de las autoridades de los gobiernos estatal y federal, apelando por el contrario, por la intervención de las mismas en el problema:

> Nosotros alentamos la esperanza [...] de que el gobierno, en consideración a su propia dignidad, y en servicio de la justicia, accederá a nuestra demanda, y consignará a esos hombres [que participan en el despojo de los mexicanos] y les hará juicio, o [de lo contrario] dejar que vengan a ser objeto de las consecuencias de nuestra resolución inmutable.[127]

Las sorprendidas autoridades de Brownsville, incapaces de actuar en contra de Cortina, piden ayuda a las tropas mexicanas de Matamoros, y, en un extraño y vergonzoso maridaje con una tropa de voluntarios estadounidenses, entablan combate contra las fuerzas sublevadas, siendo derrotadas completamente por este último y su artillería requisada por los rebeldes.

Durante el tiempo en el que Cortina preparaba sus defensas para los combates que vendrían, impuso entre sus fuerzas una disciplina de hierro y no permitió el robo ni la violencia contra la población civil: a tres de sus hombres que cometieron un asalto a un rancho e intentaron huir hacia México, los captura y ordena que sean pasados por las armas. Todas las provisiones y alimentos consumidos por su «ejército» eran escrupulosamente pagados a sus dueños. El dinero encontrado en el correo que las postas de Cortina detenían para informarse de los movimientos del enemigo, era retornado nuevamente a sus sobres, con las excusas correspondientes. Cargamentos de miles de dólares en mercancías fueron dejados pasar por sus líneas después de ser inspeccionados para comprobar que no traían armas.[128]

El 22 de noviembre, una fuerza estatal de *rangers* ataca a Cortina sin éxito y es obligada a retirarse en desorden. Para estas fechas, los «fieles de Cortina» —como comenzó a ser conocido su ejército— habían engrosado en gran número. El apoyo popular que recibió el movimiento reivindicativo iniciado fue casi general entre los mexicanos. Esta afirmación puede comprobarse fácilmente revisando la documentación que aparece en *Difficulties on the Southwestern frontier*, en la que repetidamente se informa a las autoridades estatales y federales de la seria situación creada por la simpatía popular que había provocado la rebelión de Cortina. En el *Informe del gran jurado sobre los disturbios en el país* se afirma lo siguiente:

> El 14 de noviembre de 1859, el jefe de justicia del condado de Cameron publicó una noticia llamando a todas las personas [...] de origen mexicano que residieran en los condados de Cameron e Hidalgo, para que vinieran rápidamente con sus armas a manifestar su lealtad, y ayudar a restaurar el orden; pero fueron tan pocas las personas que han respondido al llamado, de la numerosa población mexicana en estos condados, que no hay duda que las simpatías, si no las armas, de gran parte de ellos, está con los merodeadores [...][129]

En una carta al secretario de guerra se menciona también el considerable apoyo que gozaba el movimiento cortinista: «[Brownsville] con todo y ser un pueblo comercial con una población nominal considerable, tiene, de hecho, a solo cien ciudadanos americanos capaces de portar armas, *el resto son mexicanos, de los cuales muy pocos y solo aquellos de las clases altas*, manifiestan adhesión al gobierno bajo el cual viven».[130]

Naturalmente, no es sorpresa que dadas las condiciones imperantes, todo el apoyo de los mexicanos estuviese del lado de aquellos compatriotas que habían levantado la bandera de la rebelión contra los opresores. Pero, Cortina no solo recibió ayuda del común del pueblo, también, algunos comerciantes anglos y mexicanos —guiados seguramente por el ideal supremo de la ga-

nancia, aunque no descartamos casos de convicción personal— lo
mantenían secretamente abastecido de lo necesario para la manu-
tención de sus hombres, «secreto a voces» que causaba la cons-
ternación más profunda entre los respetables ciudadanos de
Brownsville:

> Hay más o menos una desconfianza que se siente entre la
> gente de Brownsville con respecto a algunos de sus propios
> ciudadanos, porque es bien sabido que Cortina consigue sus
> abastecimientos de café, whiskey, azúcar, manteca, etc., de
> Brownsville y Matamoros. Él informó al capitán Pennington
> que Brownsville lo abastecía con todos esos artículos, y una
> carreta cargada de comestibles llegó mientras él estaba en el
> campo de Cortina.[131]

El amplio apoyo popular que el movimiento recibía y las victorias
militares obtenidas por los rebeldes, parecen haber ampliado la
perspectiva de los planes de Cortina. Goldfinch opina sobre este
aspecto lo siguiente: «Cortina... pareció haber contemplado [la po-
sibilidad] de formar un ejército lo suficientemente poderoso como
para forzar a las autoridades texanas a conceder a los mexicanos
aquellos derechos que habían sido garantizados para ellos por el
Tratado de Guadalupe Hidalgo».[132]

Después de cerca de dos meses en estado de rebeldía y habiendo resistido victoriosamente en dos ocasiones el ataque de las
fuerzas militares enviadas en su contra, Juan N. Cortina publica
otra proclama dirigida a sus compatriotas el 23 de noviembre
de 1859. En este manifiesto hace una exposición nítida del principio
inalienable que rige su movimiento: el derecho a la resistencia
sobre los opresores:

> La historia de las grandes acciones humanas nos enseña que
> en ciertos momentos, el motivo principal que les da impulso es

el derecho natural a resistir y a conquistar a nuestros enemigos, con un espíritu firme y una voluntad vigorosa; es el persistir y el lograr la consumación de este objetivo, abriendo una brecha a través de los obstáculos que paso a paso son encontrados, no obstante lo imponente o lo terrible que estos puedan ser.[133]

Cortina en este documento hace una revisión más a fondo, con respecto a su primer manifiesto, de la política de despojo y discriminación que se imponía a los mexicanos. Era muy clara la relación entre la violencia, las arbitrariedades jurídicas y el racismo contra sus compatriotas, y el objetivo de expoliación económica que con ello se lograba:

> Muchos de ustedes han sido robados de sus propiedades, encarcelados, perseguidos, asesinados y cazados como bestias salvajes, porque su labor era fructífera y su industria excitaba la avaricia vil que conduce [a los anglos] [...] [Para los que realizan estos crímenes] les es ofrecida indulgencia, porque ellos no son de nuestra raza, la cual como ellos dicen, no merece pertenecer a la especie humana.[134]

Cortina deja entrever en esta proclama que su movimiento se había propuesto la creación de una sociedad secreta que lucharía por remediar la situación, y que en esta tarea se utilizaría, si era necesario, la fuerza de las armas, o, al menos, se recurriría a ellas como una medida de autodefensa o de represalia. Plantea nuevamente su deseo de que el gobierno estatal interviniera en la protección legal, apelando a la calma y la fraternidad para con aquellos anglos que no estuviesen ciegos de odio hacia los mexicanos.

La respuesta de las autoridades federales y estatales a esta inusitada demanda de un mexicano que se había atrevido a defender los derechos más elementales de su pueblo fue la de esperarse. Ante problemas sociales, soluciones militares: el secretario de guerra de los Estados Unidos gira instrucciones para que un cuerpo del ejército, con un fuerte apoyo artillero, se desplace hacia la zona controlada por los rebeldes. La derrota de los insurgentes era solo cuestión de tiempo. El 22 de diciembre, el ejército, apoyado por una fuerza de *rangers*, ataca a las fuerzas cortinistas en su campamento de El Carmen, haciéndoles decenas de bajas, capturando sus armas y municiones, logrando salvar la vida Cortina al pasar a nado el río Bravo con una veintena de sus hombres. Con este trágico episodio armado terminaría la rebelión cortinista en Texas, no así las causas que la provocaron ni el descontento popular que le dio vida.

Para Cortina, esta derrota significó su ingreso a la lucha que el pueblo de México libraba contra la reacción interior y, posteriormente, contra la intervención francesa, distinguiéndose en los combates de Puebla y de otros lugares del centro, en la toma de Querétaro, y en las luchas contra franceses, y conservadores que tienen lugar en el noreste del país, alcanzando el grado de general y ocupando el cargo de gobernador del estado de Tamaulipas.

La rebelión de Juan Nepomuceno Cortina en Texas, al igual que el fenómeno del bandolerismo presente en otras regiones del suroeste, fue una reacción de la población mexicana a la conquista efectiva de los antiguos territorios y, específicamente, una reacción a dos factores que acompañan a este proceso de conquista en todos los lugares en el que este se efectúa:

a) El despojo de las propiedades de los mexicanos, especialmente la apropiación de sus tierras.

b) El establecimiento por parte del poder estadounidense de una política sistemática de racismo y persecución, asesinato y encarcelación de mexicanos.

No obstante, las causas que originan una u otra forma de resistencia son esencialmente las mismas, la rebelión dirigida por Cortina difiere cualitativamente de los casos de bandolerismo social que hemos examinado, por las siguientes razones:

a) Cortina no utiliza el bandolerismo para enfrentarse a los opresores. No fue nunca un bandido y distinguió perfectamente su rebeldía de cualquier forma de robo o extorsión.

b) Su líder fue esencial para definirlo; no como respuesta individual a una situación de opresión, sino como un movimiento de masas en el que Cortina jugó el papel dirigente de una población entera en rebeldía, de una lucha de un grupo nacional contra la conquista extranjera.

c) El movimiento popular dirigido por Cortina, a diferencia del bandolerismo social, buscaba soluciones políticas y utilizaba métodos de lucha de carácter político; su resistencia armada —la cual debemos señalar tuvo un carácter esencialmente defensivo— estuvo encaminada a obtener un compromiso, por parte de las autoridades, sobre la base de los derechos y obligaciones de un tratado internacional.

d) Todos estos elementos nos indican que el movimiento de Cortina era perfectamente consciente de los intereses que defendía y de las características nacionales del grupo social que representaba. Lo cual nos lleva a considerar que la rebelión de los mexicanos encabezada por Juan N. Cortina debe ser definida desde el punto de vista de la clasificación sociológica de los movimientos sociales como un movimiento nacionalista, como la expresión de la resistencia de un grupo unificado sobre la base de una comunidad de idioma, territorio, vida económica y cultura —características todas que definen a los conglomerados nacionales— pero sobre todo, unificado por la conquista y opresión de un grupo nacional extranjero.

Esta opresión despertó un estado de rebeldía y unidad que siguió las líneas de la diferenciación nacional. No es un dato sin importancia o meramente simbólico el destacar que Cortina mantuvo sobre su campamento y llevó consigo en sus expediciones la bandera de la República Mexicana,[135] lo cual no significa que este movimiento tuviese intenciones de reconquistar para México parte del territorio perdido por nuestro país en 1848. A lo que aspiraba era obtener el reconocimiento efectivo de la existencia de los mexicanos como un grupo nacional con derechos iguales en relación con los anglos, pero sin desconocer la soberanía del gobierno de los Estados Unidos sobre el territorio en el cual este movimiento efectuó su esfuerzo supremo de reivindicación nacional.

III

Nos hemos referido con especial atención al bandolerismo social y a la rebelión popular encabezada por Juan Nepomuceno Cortina porque consideramos que estas formas de lucha constituyen los parámetros de la resistencia mexicana contra el poder estadounidense dentro de los cuales es posible localizar a la mayoría de los casos de protesta en el suroeste. Desde esta perspectiva, el primero representa la forma más primitiva de la protesta social, en tanto que el segundo constituye la expresión más avanzada del movimiento de resistencia en las décadas que siguen a la terminación de la guerra. Entre estas dos variedades —cualitativamente distintas— de rebeldía social, encontramos numerosas manifestaciones de lucha contra la opresión estadounidense en los territorios conquistados. Estas tuvieron un carácter predominantemente autodefensivo y espontáneo, surgidas de situaciones básicamente similares a aquellas que determinaron la rebelión cortinista y las explosiones del bandolerismo, relacionadas íntimamente con el proceso de expansión y afianzamiento del sistema capitalista estadounidense en el suroeste, especialmente con el control y posesión de todos los medios importantes de producción, la imposición de variantes nuevas de explotación de la naturaleza que desplazaron las actividades económicas y las formas de propiedad tradicionales de los mexicanos.[136]

Básicamente, la resistencia de los mexicanos en contra de la opresión social y nacional impuestas por el poder estadounidense —a pesar de que representa un conflicto ininterrumpido— se caracteriza por el bajo nivel político y organizativo, el localismo de sus manifestaciones, y la relativa facilidad con la que los estadounidense reprimen o controlan estas expresiones de rebeldía.

Naturalmente, estas características de los movimientos sociales en las décadas que siguen a la terminación de la guerra, fueron condicionadas por el bajo desarrollo económico de las provincias mexicanas en el momento en el que se efectúa la conquista estadounidense, la alianza de clase que se establece entre el nuevo poder y la clase dominante, y, fundamentalmente, por el incontenible proceso de desarrollo capitalista que tiene lugar en los Estados Unidos.

El sacrificio por la clase dominante mexicana de sus intereses nacionales con objeto de salvaguardar sus intereses de clase de participar en la explotación en un papel subordinado, dejó prácticamente sin dirigentes a las masas desposeídas que con el establecimiento del poder estadounidense, se vieron sujetas a un doble sometimiento o uno de clase y otra nacional. Ante esta situación, dirigentes como el general Cortina, terrateniente por extracción de clase pero que es capaz de representar los intereses generales de un grupo nacional frente a la opresión extranjera, son la excepción que confirma la regla.

De esta manera, sin dirigentes con experiencia política previa, ni las ventajas de la educación extendida entre el pueblo, ni las armas ideológicas y filosóficas de los pensadores de la época, tampoco una conciencia nacional definida, fuerte y arraigada que permitiera la unidad de la población oprimida, los territorios conquistados se enfrentan aislada y espontáneamente a uno de los sistemas capitalistas más dinámicos y agresivos de los últimos tiempos. Ante estos factores, las rebeliones de los mexicanos, indígenas americanos, pueblos nativos de Asia y África, se enfrentaron a una realidad insuperable para esa época: los movimientos sociales estaban destinados históricamente al fracaso; no así las experiencias de sus luchas, ni la indignación que les dio vida, ni los ideales de libertad e independencia que los hicieron posibles.

Notas

Prólogo

1. Plaza & Janés Editores, 2002.
2. Siglas en inglés de blanco, anglosajón y protestante.
3. Oliver Cromwell Cox: *Caste, Class & Race.*
4. «El factor decisivo en la formación de la nación reside en el modo en que se constituye el bloque histórico burgués, a través de las luchas de la burguesía por construir un sistema hegemónico como fundamento del poder del estado [...] La tarea y la obra del proceso de formación nacional consiste, justamente, en hacer converger elementos múltiples y dispares —individuos, grupos, fracciones y clases sociales; deseos, historias y mitos colectivos, herencias étnicas, culturales, religiosas; espacios, tiempos y propósitos comunitarios, etc.— en un solo haz o subjetividad colectiva». Ana María Rivadeo: *Lesa Patria, Nación y Globalización*, UNAM, México, 2003, p. 70.
5. Ana María Rivadeo: ob. cit.

Introducción

1. Por suroeste nos referimos a los territorios mexicanos conquistados por los Estados Unidos en 1836 y 1847, anexados «oficialmente» por medio del Tratado de Guadalupe Hidalgo, firmado el 2 de febrero de 1848. Comprendía los actuales estados de Texas, Nuevo México, Arizona, California, Nevada, Utah y parte de Colorado.
2. Daniel G. Brinton: «The "nation", as an element in anthropology», Presidential Address, *International Congress of Anthropology*, Smithsonian Institution, Washington, 1894.
3. Ibídem, p. 590.
4. Idem.
5. Eric Wolf: «La formación de la nación...», *Revista de Ciencias Sociales*, 4, no. 20, La Habana, abril, 1953, p. 51.
6. Gonzalo Aguirre Beltrán: «Los símbolos étnicos de la identidad nacional», *Anuario Indigenista*, vol. XXX, diciembre, 1970, pp. 101-140; del mismo

autor: «El indigenismo y su contribución al desarrollo de la idea de nacionalismo», *América Indígena*, vol. XXIX, no. 2, abril, 1969, pp. 397-405; Manuel Gamio: *Forjando patria*, Ed. Porrúa, México, 1916.

7. Ricardo e Isabel Pozas: *Los indios en las clases sociales de México*, Siglo XXI editores, México, 1971.

8. Un estudio reciente en esta dirección es el de Lloyd A. Fallers: *The social anthropology of the nation-state*, Aldine Publishing Company, Chicago, 1974.

9. Emile Sicard: «De quelques éléments...», *Revue International de Sociologie*, no. 1, 1969, pp. 55-88.

10. Véase Koppel S. Pinson: *A bibliographical introduction to nationalism*, Columbia University Press, New York, 1935; Edward Hallett Carr: *Nationalism: a report by a study group of members of the Royal Institute of International Affairs*, London, Oxford University Press, 1939; Karl W. Deutsch: *Interdisciplinary bibliography of nationalism 1935-1965*, The M.I.T. Press, 1966; Hans Kohn: *Historia del nacionalismo*, Fondo de Cultura Económica, México, 1949.

11. Para exponer el punto de vista marxista sobre el fenómeno nacional hemos utilizado las ideas desarrolladas por estos pensadores durante este siglo, debido a que Marx y Engels no prestaron una atención especial al estudio de los problemas teóricos de la nación. Solomon F. Bloom opina con respecto a Marx que: «él nunca intentó llegar a definir la raza o la nación de tal manera que pudiesen distinguirse de otros agregados de hombres. Él usó términos como "nacional" y "nación" con una vaguedad considerable. Algunas veces "nación" fue un sinónimo de "país"; otras de una entidad completamente diferente, el "estado"[...] Por consiguiente, si uno quisiera hablar de la teoría marxista sobre nacionalidad, debe ser en el sentido de una descripción generalizada de las peculiaridades de las naciones modernas de Occidente, y de la relevancia de tal descripción para la cuestión nacional en otras partes del mundo». (Solomon F. Bloom: *The world of nations: a study of the national implication in the work of Karl Marx*, Columbia University Press, New York, 1941, p. 16). Por otro lado, Marx y Engels mantuvieron una posición hasta cierto punto contradictoria en muchos aspectos de los problemas nacionales y coloniales. Tal fue el caso, por ejemplo, de su defensa de la guerra de agresión de los Estados Unidos contra México en 1847 en razón del supuesto progreso que traería la conquista de las tierras mexicanas, o su reluctancia a aceptar la validez de los movimientos nacionales de las naciones o colonias pequeñas o atrasadas. La explicación de esta clase de interpretaciones es expuesta por Horace B. Davis en su magnífico libro *Nacionalismo y socialismo*, Ediciones Península, Barcelona, 1972.

12. Este autor afirma al respecto lo siguiente: «Las ácidas observaciones de Marx y Engels acerca de los pueblos pequeños y subdesarrollados no de-

berían ser tomadas como si implicaran algún prejuicio especial contra tales pueblos, de modo concreto o más general [...] La aprobación por parte de Engels de la expansión imperialista de Francia y de Estados Unidos y la lentitud (si así podemos llamarla) de Marx en hacer un llamamiento por la independencia de la India de Inglaterra fueron el resultado de su concepción particular del orden probable de los sucesos en la evolución de los respectivos países [...] Si el socialismo solo podía alcanzarse pasando previamente por el purgatorio del capitalismo; si el capitalismo estaba en una fase avanzada en relación a otra fase precapitalista (feudal o primitiva); si la manera más rápida de lanzar un país atrasado en vías del desarrollo económico estaba en que cayera bajo la dominación de un país avanzado que lo desarrollara, entonces la aprobación, aunque a regañadientes, de la subyugación y dominación de las zonas atrasadas se sigue lógicamente». (Horace B. Davis: ob. cit., pp. 99-100). La posición de Marx y Engels respecto a los problemas nacionales y coloniales estaba basada en la creencia de un esquema de evolución unilineal y en la idea de que los países colonialistas a imperialistas traerían el «progreso» a sus colonias y países dependientes. «Solo más tarde —dice Davis— cuando la irrealidad de estos supuestos empezó a aclararse con la revelación de la verdadera naturaleza de la explotación imperialista, el marxismo abandonó esta concepción y propugnó una resistencia decidida a la expansión imperialista en toda la línea, y la terminación rápida de la dominación imperialista en aquellas zonas en donde se había consolidado». Horace B. Davis: ob. cit., p. 100.

13. Véase Julio Busquets: *Introducción a la sociología de las nacionalidades*, Cuadernos para el Diálogo, Madrid, 1971; R. Redslob: *Le principe des nationalités*, Academie de Droit International, Paris, 1932; Walter Aulzbach: *National consciousness*, American Council on Public Affairs, Washington, 1943; Inis L. Claude: *National minorities*, Harvard University Press, Cambridge, 1955.

14. V.I. Lenin: *Sobre el derecho de las naciones a la Autodeterminación*, Lenguas extranjeras, Moscú, p. 111.

15. Y. Person: «Minorities nationales en France», *Les Temps Modernes*, no. 324-326, agosto-septiembre, 1973, p. 9; B. Azkin: *Estado y nación*, Fondo de Cultura Económica, México, 1968, p. 33.

16. J. Stalin: *Marxism and the national and colonial question*, International Publishers, New York, p. 13.

17. Roger Bartra: *Breve diccionario de sociología marxista*, Ed. Grijalbo, México, 1973, p. 113.

18. Solomon F. Bloom: ob. cit., p. 22.

19. Sergio Selvi: *Le nazioni proibite: guida a dieci colonie «interne» dell' Europa Occidentale*, Vallecchi Editore, Firenze, 1973, pp. XVII-XVIII.

20. Ibídem, p. VII.

21. Anouar Abdel-Malek: *La dialectique sociale*, Editions du Seuil, Paris, 1972, pp. 115-124.

22. United Nations: *Definition and classification of minorities*, (E/CN. 4/sub. 2/28, 27.12., 1949), p. 9.

23. Gilberto López y Rivas: *Los chicanos: una minoría nacional explotada*, Editorial Nuestro Tiempo, México, 1973, p. 107.

24. United Nations: ob. cit., p. 11.

Capítulo I

1. Conde de Aranda, Pedro Pablo Abarca de Bolea: «Mémoire remis secrètement au Roi par S. Exc. le comte d'Aranda». Documento publicado en W.Coxe: *L'Espagne sous les roi de la maison de Bourbon. Tome sixième*, Chez de Bure, Frères, Paris, 1827, pp. 46-49.

2. Carta de Luis de Onís publicada en José Félix Blanco: *Documentos para la historia de la vida pública del libertador de Colombia, Perú y Bolivia*, Tomo III, Imprenta de *La opinión nacional*, Caracas, 1876, pp. 608-609. No es exclusivo de los diplomáticos esta preocupación por los afanes expansionistas de los Estados Unidos, ni tampoco son los únicos que elaboran proyectos para oponerse al avance territorial estadounidense. El comandante general de las Provincias Internas en 1808, Nemesio Salcedo, presentó al gobierno español un «Plan de Oposición a las empresas de la República de los Estados Unidos de América», ante el temor de que este país se apoderase de las Provincias Internas durante la invasión francesa a España. Este Plan estaba dividido en cinco puntos: «1°— Reflexiones que inducen a creer que las provincias del norte de este reino serán invadidas, 2°— Medios que tiene el enemigo de verificar la invasión, 3°— Situación actual de la provincia de Texas y sus confinantes, 4°— Los que tenemos que impedirla y disposiciones previas que para ello se necesitan, 5°— Modo de hacer la guerra al enemigo atendido, su objeto, situación local, clase de su ejército y demás consideraciones con algunas observaciones que sobre las ventajas que de adoptar este plan podrían seguirse». Al final del primer punto, el comandante Salcedo afirma lo siguiente: «Convencidos nacionalmente de que Estados Unidos debe invadir nuestras posesiones, aunque no pueda fijarse el momento, que según los datos está muy próximo, debemos estarlo de la necesidad de precaver o rechazar, que nos será menos costosa, más eficaz y útil cuanto más la anticipemos, en concepto de que el riesgo que nos amenaza no es momentáneo ni pasajero, sino permanente y estable, tanto como la República de los Estados Unidos y de que los medios de evitarle deben serlo tanto y como el mismo riesgo, sin que sea obstáculo los gastos que irroguen, si no se quiere exponer al accidente la suerte de toda la América septentrional». El plan completo se encuentra publicado por Miguel Artola: «La guerra de Independencia y las provincias Internas»,

Revista de Indias, Año XI, no. 46, octubre-diciembre, 1951, Instituto Fernando de Oviedo, Madrid, 1951, pp. 763-772. Originalmente en A.H.N. Junta Central Leg. 58, E. Doc. 115.

3. No deja de ser irónico que un representante del imperio que había explotado a los indígenas americanos por siglos, sin detenerse en consideraciones de orden moral —como aquellas señaladas por Bartolomé de las Casas— haga alusión en el texto que hemos mencionado, de la implacable suerte corrida por los naturales americanos frente a la ocupación europea de sus tierras. Cabe decir que un gran número de escritores y viajeros de la primera mitad del siglo XIX, tanto aquellos que se muestran admirados de los Estados Unidos como los que tomaron una actitud crítica, destacan en sus escritos y diarios de viaje el inhumano trato dado a negros e indígenas.

4. Luis de Onís: *Memoria sobre las negociaciones entre España y los Estados Unidos que dieron motivo al tratado de 1819*, Imprenta de D.M. de Burgos, Madrid, 1820, p. 47. Reimpreso en México, 1826.

5. Thomas Jefferson: *Works of Thomas Jefferson*, vol. V, P.L. Ford, Putnam's Sons, New York, 1904, p. 75.

6. Ibídem, vol. IX, p. 317.

7. Richard W. Van Alstyne: *The rising American empire*, Norton & Company, New York, 1974, p. 9.

8. Citado por Pedro Andrés Pérez Cabral: *Raíces de la política yanqui en América*, Ed. Manuel Casas, México, 1964, p. 169.

9. Gutiérrez de Lara fue posteriormente utilizado por los estadounidenses para sus proyectos de expansión territorial, participando en varias campañas de carácter filibustero, financiadas y dirigidas por ciudadanos de los Estados Unidos y cuyo objetivo era formar en Texas, una «República nueva e independiente».

10. Luis de Onís, p. 18. Carta publicada en Félix Blanco: ob. cit., p. 609. Véase I.J. Cox.: «Monroe and the early Mexican revolutionary agents», *American Historical Association*, 1911, pp. 197-215; José María Tornel: *Texas y los Estados Unidos de América en sus relaciones con la República Mexicana*, Impreso por I. Cumplido, México, 1837.

11. J.M. Bermúdez Zozaya: Nota del 26 de Dic. de 1822, *La diplomacia mexicana*, Vol. I, Secretaría de Relaciones Exteriores, Librería Navarro, México, 1910, p. 103.

12. Citado por Pedro Andrés Pérez Cabral: ob. cit., p. 216.

13. J.M. Sánchez: *Viaje a Texas del Teniente José María Sánchez*, Anotaciones del día 27 de abril de 1829, Colección de Papeles Históricos Mexicanos, México, 1939, p. 45.

14. Lucas Alamán: *Iniciativa de ley proponiendo al gobierno las medidas que se debían tomar para la seguridad del estado de Texas y conservar la integridad del*

territorio mexicano, Editor Vargas Rea, México, 1946, pp. 13-14. Este informe es una elaboración de Alamán sobre la base del comunicado del General Mier y Terán del 14 de noviembre de 1829, al secretario de Guerra y Marina, tomando Alamán partes del mismo casi textualmente. En realidad, debemos considerar a Mier y Terán como el autor de dicha iniciativa de ley, y a Lucas Alamán como el estadista que hace posible la formulación y aprobación de la citada norma legislativa, existiendo una identificación de ambos en lo que a este problema se refiere.

15. A Lucas Alamán debe vérsele como la personalidad más notable de una corriente definida dentro de la clase dirigente del México de la época en lo que se refiere a la actitud que debía tomarse ante el gobierno de los Estados Unidos. Formaban parte de este grupo, militares y políticos como el citado general Tornel, y el ya mencionado general Mier y Terán, personalidad sobresaliente de trágico fin, se quitó la vida aparentemente ante la inminente pérdida de Texas, y sus profundas frustraciones de ser testigo de la desunión y luchas civiles de su patria, «[...] la revolución absorbe las energías de hombres que debían estar trabajando juntos», escribía el general a su amigo Lucas Alamán el día anterior al de su muerte. En un estado de gran amargura por la suerte de su país, le confiaba sus postreros pensamientos: «Una gran y respetable nación mexicana, una nación en la cual nosotros hemos soñado y por la cual hemos trabajado tanto, no podrá salir jamás de tantos desastres [...] Nosotros nos hemos permitido ser llevados por las ambiciones de grupos egoístas, y ahora estamos por perder las provincias norteñas. ¿Cómo podemos esperar retener Texas cuando ni siquiera podemos ponernos de acuerdo entre nosotros mismos? Es un estado de cosas lóbrego. Si nosotros trabajamos juntos avanzaremos. Tal como es, nosotros estamos perdidos». Archivo Gral. de la Nación, Correspondencia del Gral. Mier y Terán, Legajo 416, Papeles sueltos.

16. Lucas Alamán: ob. cit., pp. 14-15.

17. C. Marx y F. Engels: *The German Ideology*, International publishers, New York, 1960, p. 41.

18. Lucas Alamán: ob. cit., p. 15.

19. José María Tornel: ob. cit., p. 3.

20. Véase William Appleman Williams: «The age of mercantilism», *New perspectives on the American past*, Vol. I, Katz, 1969, pp. 337-354.

21. Ejemplo de este tipo de interpretación lo constituye la obra de T. Roosevelt: *The winning of the West*, Putnam's Sons, New York, 1917.

22. H. Magdoff: «Imperialism expansion: accident and design», *Monthly Review Press*, New York, January, 1974.

23. Paul Baran: «The political economy of growth», *Monthly Review Press*, New York, 1962.

24. Alonso Aguilar: «Pan-Americanism from Monroe to the present: a view from the other side», *Monthly Review Press*, New York, 1968, p. 34.

25. Véase Curtis Nettels: «British mercantilism and the economic development of the thirteen colonies», *Journal of Economic History*, XII, spring, 1952, pp. 105-114.

26. El espíritu de la época fue captado por numerosos viajeros y autores: Rafael Reynal, escritor mexicano, opinaba que en los Estados Unidos «los negocios están por encima de todo [...] la pregunta más común es: ¿Cuánto vale este hombre?» Prieto, otro viajero mexicano, afirmaba que «la competencia abierta tiene a las gentes en constante movimiento»; la gran debilidad de los estadounidenses, según él, era el dinero, todo en el país era negocio, incluso la religión y la política, «todo lo que se puede vender se vende», afirmaba; Luis de Onís era más severo en sus juicios: «la buena fe es de muy poca consideración para el comerciante especulador angloamericano; no conoce más ley que la del interés propio; no siente más impulso que el de la codicia, y no respeta sino al dinero». Onís y Prieto se refieren a las constantes quiebras fraudulentas: «Algunos se han declarado en quiebra cinco o seis veces», o, «de cien bancarrotas apenas habrá una que no sea fraudulenta; habrá pocos países donde se especule y trafique con tanto ardid y tanto dolo y escándalo». Los mismos autores mencionan los «numerosos incendios provocados para cobrar seguros», así como, «los engaños horribles en las transacciones y negocios» y el carácter especulativo de los banqueros con el papel moneda. Véase la obra ya citada de Luis de Onís así como el libro de José de Onís: *Los Estados Unidos vistos por escritores hispanoamericanos*, Ed. Cultura Hispánica, Madrid, 1956.

27. C. Marx: *El capital*, t. I, vol. II, Fondo de Cultura Económica, México, 1916, p. 804.

28. R. Luxemburgo: «The accumulation of capital», *Monthly Review Press*, New York, 1968, pp. 348-367.

29. Sergio de la Peña: «Los límites de la acumulación originaria de capital», *Revista Mexicana de Sociología*, Año XXXVI, vol. XXXVI, no 2, abril-junio, 1974, pp. 233-240.

30. Casos semejantes al de los Estados Unidos los encontramos en los procesos de *acumulación originaria* de varios países de Europa. En la Rusia Zarista tenemos un acelerado proceso de expansión territorial hacia zonas periféricas con el aniquilamiento de poblaciones nativas y la formación de minorías étnicas y nacionales sujetas a una feroz explotación, al grado de conocerse en esa época como la «cárcel de pueblos». En Europa, Inglaterra consolida su desarrollo capitalista sobre la base de la conquista de Irlanda, Escocia y Gales. Francia —el mito del «Estado-nación puro»— efectúa su consolidación nacional conquistando los territorios de los grupos nacionales y étnicos limítrofes: Euzkadi, Cataluña, Occitania, Bretaña.

31. W.A. Williams: ob. cit., p. 344.

32. H. Magdoff: ob. cit., p. 17.

33. Ertel, Fabre y Marienstras: *En marge*, Maspero, París, 1971.

34. Véase Ramiro Guerra: *La expansión territorial de los Estados Unidos*, Consejo Nacional de Universidades, La Habana, 1964.

35. El movimiento para la conquista de Canadá contaba con numerosos partidarios, y no fue sino hasta el fracaso relativo de la guerra de 1812, que esta política fue dejada a un lado, aunque nunca abandonada. La barrera inglesa era en aquellos tiempos muy poderosa logrando enfriar los ánimos de los que favorecían la expansión hacia el Norte. Véase Van Alstyne: *The rising American Empire*, Quadrangle Paperbacks, Chicago, 1965.

36. Hay que aclarar que nuestro estudio se ha centrado fundamentalmente en la expansión *territorial* de los Estados Unidos; en realidad este movimiento tenía una contraparte inseparable, el deseo de extender el comercio hacia el Oriente, una vez que se controlasen los puertos del Océano Pacífico situados en territorio de México, sobre todo San Francisco y el actual San Diego. Norman A. Graebner nos hace notar este importante hecho en su libro *Empire on the Pacific, a study in American continental expansion*, Ronald Press, New York, 1955. También el mencionado artículo de H. Magdoff trata brillantemente este problema.

37. Lenin, a propósito de las guerras decía: «¿es que se puede explicar la guerra sin relacionarla con la política precedente de este o aquel Estado, de este o aquel sistema de Estados, de estas o aquellas clases? Repito una vez más: esta es la cuestión cardinal, que siempre se olvida, y cuya incomprensión hace que de diez discusiones sobre la guerra, nueve resulten una disputa vana: mera palabrería. Nosotros decimos: si no habéis estudiado la política practicada por ambos grupos de potencias beligerantes durante decenios [...] si no habéis demostrado la ligazón de esta guerra con la política precedente, no habéis entendido nada de esta guerra!». V.I. Lenin: «War and revolution», *Collected Works*, vol. 24, Progress Publishers, Moscow, 1964, p. 402. Otra cita del autor afirma: «como si en el fondo de la cuestión estuviera en quien atacó primero y no en cuáles son las causas de la guerra, los objetivos que esta se plantea y las clases que la realizan». V.I. Lenin: «An open Letter to Boris Souvarine», *Collected Works*, vol. 23, Progress Publishers, Moscow, 1964, p. 198. A lo largo de nuestra exposición hemos tratado de ajustarnos a este orden de ideas en el análisis de la guerra de 1847; sobre esta base hemos llegado a las conclusiones expresadas. No debe sorprender la cantidad de obras sobre esta guerra en la que se cae en la mera palabrería, destacando «personalidades», incidentes fortuitos, etc., del análisis idealista.

38. Alonso Aguilar: *Dialéctica de la economía mexicana*, Ed. Nuestro Tiempo, México, 1968, p. 79.

Capítulo II

1. Véase Burl Noggle: «Anglo observers of the Southwest borderlands, 1825-1890. The rise of a concept», *Arizona and the West*, 1959, pp. 105-131. Una guía bibliográfica sobre la región fronteriza es Ch.C. Cumberlan: «The United States-Mexican border: A selective guide to the literature of the region», Suplement to *Rural Sociology*, Vol. 25, June 1960, no. 2.

2. Consúltese Cecil Robinson: *With the ears of strangers*, The University of Arizona Press, 1963.

3. En 1824 Alta California comprendía aproximadamente los actuales estados de California, Nevada, Utah y parte de Arizona y Wyoming; Sonora, parte de los actuales estados de Arizona, Nuevo México y Colorado; Nuevo México, parte de la actual Texas.

4. Del Nahua *chichimecatl*, plural *chichimeca*. Nombre que se les daba en México a los grupos indígenas que habitaban al norte y al poniente de la meseta de Anáhuac.

5. Es tema de grandes discusiones —sobre todo por sus implicaciones políticas— definir el sistema socioeconómico que los españoles establecen en América, así como la naturaleza de los cambios que experimentó durante la dominación colonial. Para algunos autores como Rodolfo Puiggros, España interrumpe su desarrollo capitalista debido al metálico que recibió de América, utilizado para adquirir bienes manufacturados de Inglaterra y otras naciones de Europa Occidental, estimulando el desarrollo capitalista de estos países y perpetuando su propio «feudalismo». Siguiendo este razonamiento, el autor mencionado opina que «América debe a España su incorporación al proceso general de desarrollo de la humanidad, a través de un feudalismo agonizante en la época del nacimiento del capitalismo». Para otros autores como Gunder Frank y Luis Vitale, la América española surge dentro del contexto del capitalismo desde el momento mismo del descubrimiento y conquista. Entre estas dos posiciones existen otras interpretaciones teóricas como la de Alonso Aguilar, quien afirma para el caso concreto de México, lo siguiente: «La economía mexicana del siglo XVI mediados del XIX vive una fase de transición; aquella en que el sistema feudal se descompone rápidamente y el capitalismo gana terreno día a día, hasta llegar a imponerse como estructura social dominante». Enrique Semo afirma al respecto: «Desde un principio pueden detectarse la presencia de tres modos de producción bien definidos: despotismo tributario, feudalismo y capitalismo embrionario. Cada uno de ellos no existe por separado sino que está integrado dentro de un todo orgánico, un conjunto de relaciones, un sistema económico que influye en su funcionamiento. El sistema está formado por dos estructuras fundamentales: 1) La República de indios o despotismo tributario y 2) La República de los españoles en la cual el feudalismo y capitalismo embrionario dependiente se hallan

indisolublemente ligados [...] No se trata de una "sociedad dual", sino de un sistema único con dos estructuras». Véase Rodolfo Puiggros: *La España que conquistó al Nuevo Mundo*, Costa-Amic., México, 1961; Luis Vitale: «América Latina: ¿feudal o capitalista?», Petras (editor), *América Latina: Reforma o Revolución*, Ed. Tiempo Extemporáneo, Buenos Aires, 1973; Andre Gunder Frank, Rodolfo Puiggros y Ernesto Laclau: *América Latina: ¿feudalismo o capitalismo?*, Cuadernos la Oveja Negra. No. 4, Bogotá, 1972; Alonso Aguilar: *Dialéctica de la economía mexicana*, ob. cit.; Enrique Semo: *Historia del capitalismo en México*, Ed. ERA, México, 1973.

6. Naturalmente, este sometimiento nunca fue completo. El descontento indígena se expresó a lo largo de toda la colonia por medio de sangrientas rebeliones que en muchas ocasiones provocaron la expulsión de los españoles de una región determinada y el restablecimiento del poder indígena por muchos años. Los indios Pueblo, por ejemplo, se rebelan en 1680 y mantienen dominio de la provincia de Nuevo México por 12 años; casos semejantes los tenemos en las rebeliones de los Mayas de Yucatán, los de los Yanquis de Sonora, así como también, en los levantamientos ocurridos en el propio centro del virreinato que sacudió la ciudad de México en 1692. Véase Luís González Obregón: *Rebeliones indígenas y precursores de la independencia mexicana en los siglos XVI, XVII y XVIII*, [s.a.] México, 1952. También María Teresa Huerta Preciado: *Rebeliones indígenas en el Noreste de México en la época colonial*, I.N.A.H., México[s.a.]; Oliva de Coll J.: *La resistencia indígena ante la conquista*, Siglo XXI Editores, 1966, México, 1974.

7. Enrique Semo: ob. cit., p. 16.

8. El uso actual del término *modo de producción asiático* o *despotismo oriental*, se origina de un trabajo de Marx no publicado hasta 1939, «Elementos fundamentales para la crítica de la Economía Política (borrador)». Puede ser caracterizado brevemente como la «combinación de la actividad productiva de las comunidades aldeanas, y la intervención económica de una autoridad estatal que las explota al mismo tiempo que las dirige». (Jean Chesneaux: «Le Mode de Production Asiatique. Quelques Perspectives de recherche», *La Pensée*, No. 114, París, 1964). Para Roger Bartra, este sistema, «que con mayor rigor debería llamarse modo de producción tributario, tiene por base a la comunidad agraria primitiva, pero ha surgido una comunidad aglutinante superior —el Estado— que aparece como propietaria universal de la tierra y del trabajo de los hombres. El Estado subsiste gracias a la extracción de un tributo que pagan las comunidades [...]» (Roger Bartra: *Breve diccionario de sociología marxista*, Ed. Grijalbo. México, 1973). Del mismo autor puede consultarse *Marxismo y sociedades antiguas*, Ed. Grijalbo, México, 1975.

9. María del Carmen Velázquez: *Establecimiento y pérdida del septentrión de la Nueva España*, El Colegio de México, México, 1974, p. 109.

10. M.S. Meier & F. Rivera: *A history of Mexican-Americans*, Hill & Wang, New York, 1972, p. 53.

11. Carey McWilliams: *Al Norte de México*, Siglo XXI Editores, México, 1968, p. 195.

12. No nos referimos aquí a lo que Rodolfo Stavenhagen califica acertadamente como falacia: la idea de que la integración nacional es el producto de la *mezcla de razas y culturas*. Estamos de acuerdo con él cuando afirma que: «La integración nacional, como proceso objetivo, y el nacimiento de una conciencia nacional, como proceso subjetivo, dependen de factores estructurales (es decir, de la naturaleza de las relaciones entre hombres y grupos sociales), y no de los atributos biológicos o culturales de ciertos individuos». (Rodolfo Stavenhagen: «Siete falacias sobre América Latina», *América Latina; Reforma o Revolución*, ob. cit., p. 28). Sin embargo, pensamos que la mezcla biológica y cultural se efectúa debido a la acción de los factores estructurales a los que este autor se refiere, y que este proceso juega un papel importante en la composición cultural de la nacionalidad. No afirmamos que la formación de una nacionalidad sea producto de la mezcla de razas o culturas, sino que esta mezcla es producto de un sistema socioeconómico «unificador», como fue el del colonialismo español. Fernández Retamar señala a este respecto que «existe en este mundo colonial, en el planeta, un caso especial: una vasta zona para la cual el mestizaje no es el accidente, sino la esencia, la línea central: nosotros, "nuestra América mestiza". Martí, que tan admirablemente conocía el idioma, empleó este adjetivo preciso como la señal distintiva de nuestra cultura, una cultura de descendientes de aborígenes, de africanos, de europeos —étnica y culturalmente hablando—». Roberto Fernández Retamar: *Calibán*, Ed. Diógenes, México, 1971.

13. Gilberto López y Rivas: ob. cit., p. 34.

14. Citado por Charles A. Hale: *El liberalismo mexicano en la época de Mora, 1821–1853*, Siglo XXI Editores, México, 1972, p. 219.

15. Gilberto López y Rivas: ob. cit., p. 29.

16. M. Alperovich: *Historia de la independencia de México*, Ed. Grijalbo, México, 1967, p. 283.

17. Francisco López Cámara: *La estructura económica y social de México en la época de la Reforma*, Siglo XXI Editores, México, 1967, p. 27.

18. M. Alperovich: «La lucha por la república y la caída del imperio de Iturbide», *Historia y Sociedad*, no. 3, México, 1965, p. 44.

19. Burl Noggle: ob. cit., p. 108.

20. Leonard Pitt: *The decline of the Californios*, University of California Press, Los Ángeles, 1966, p. 7.

21. M.S. Meier & F. Rivera: ob. cit., p. 33.

22. Lansing B. Bloom: «New México under Mexican administration», *Old Santa Fe*, no. 2, Vol. II, October, 1914, pp. 119-120. Véase *The extranjeros selected document from the Mexican side of the Santa Fe Trail, 1825-1828*, Edited by David T. Weber, Stagecoach Press, Santa Fe, 1967.

23. Charles Hale: *El liberalismo mexicano en la época de Mora*, 1821-1853, p. 207. Zavala recibió una gran extensión de tierras en Texas, entrando en tratos con compañías estadounidenses para su venta, a pesar de la ley que había previsto que no se entregasen más tierras a los estadounidenses. «Los viajes de Zavala a Estados Unidos en 1830 —nos dice Charles Hale— incluyeron muchas negociaciones en materia de tierras, en las cuales prestó poca atención a los términos de su contrato». (p. 207) Este autor opina en una nota al pie de página que el hecho de haberse publicado las obras de Zavala en 1966, es «un testimonio impresionante de que se está reinvindicando a Zavala en México», en mi opinión el reconocimiento de una obra intelectual no significa la «reivindicación» de este personaje: el juicio de sus contemporáneos es un elemento difícil de olvidarse.

24. R. Step: ob. cit., Librería Porrúa, México, 1952, p. 228.

25. Ibídem, p. 221.

26. Ibídem, p. 50.

27. Los comisionados mexicanos a la firma del Tratado de Guadalupe Hidalgo calculaban en ciento ocho mil personas el número de habitantes de las provincias perdidas. *Diario del Presidente Polk, 1845-1849*, Documentos anexos, vol. II, México, Editorial Robredo, 1948, p. 572.

28. J.Q. Adams: Citado por F. Merk, *et al.*, *Dissent in three American Wars*, Harvard University Press, Cambridge, 1971, pp. 45-46.

29. F. Merk: ob. cit., p. 46.

30. Véase *Algunos documentos sobre el Tratado de Guadalupe Hidalgo y la situación de México durante la invasión Americana*, Archivo Histórico Diplomático Mexicano, SRE, No. 31, México, 1930.

31. En el artículo X del Tratado, suprimido por el Senado de los Estados Unidos en el momento de la ratificación del documento, se protegían ampliamente las concesiones de tierras hechas por España y la República Mexicana en estos territorios. La aceptación de este artículo hubiera puesto de manifiesto la legalidad de los despojos de tierras ya efectuados para esas fechas. Por ello se declaró que «ni el Presidente ni el Senado de los Estados Unidos podrán consentir jamás en ratificar un tratado que contenga el artículo X del de Guadalupe Hidalgo a favor de los concesionarios de tierras en Texas o en cualquier otro lugar». *Diario del Presidente Polk, 1845-1849*, Documentos, ed. cit., pp. 586-587.

32. Siendo estas las características más importantes de la situación de los mexicanos a partir de la llegada de los estadounidenses, autores como Richard

Morefield tratan de encubrir con eufemismos la esencia de la explotación y discriminación de las relaciones establecidas entre mexicanos y estadounidenses en el suroeste. Este autor en su estudio *The Mexican adaptation in American California*, 1846–1875 (Robert D. Reed, Publisher, San Francisco, 1971), sostiene la tesis de que la historia de persecución y violencia contra los mexicanos es bien conocida y pueden encontrarse con facilidad los casos deseados para ilustrar este hecho. No obstante —señala Morefield—, no se ha prestado ninguna atención a otro punto de vista igualmente importante, y «aún más importante»; que consiste en mostrar la «asimilación exitosa de los mexicanos en la sociedad americana». Irónicamente los hechos que este autor presenta para apoyar su hipótesis, para mostrar esa «otra realidad tan importante», no son otros que la conocida historia de persecución y violencia contra los mexicanos que pretende dar por superada. En los capítulos de su estudio expone con detalle la azarosa vida del minero durante los años de la llamada «fiebre de oro», con sus explosiones de xenofobia angloamericana que dieron lugar a la ley que fijaba impuestos a los extranjeros, incluyendo a los mexicanos; describe la acción de los grupos de vigilantes y su gradual desplazamiento hacia el trabajo asalariado en las minas, realizando las tareas manuales más pesadas, mientras el anglo se convertía en el especialista del manejo del equipo y la maquinaria. Morefield da cuenta de cómo se efectuó el despojo de las tierras y de los ranchos ganaderos y el desplazamiento de una clase dominante a un papel secundario. A este proceso de conquista de un pueblo sobre otro, a la integración forzada dentro de un sistema de explotación en el que le toca ocupar la posición más baja, a la proletarización, al repliegue ante la violencia, al cambio de manos de la propiedad de la tierra, a todo esto Morefield le denomina «asimilación exitosa» y «adaptación». Malabarismo terminológico que la propia información que este autor ofrece se encarga de refutar: Contradicción evidente entre los hechos y la interpretación.

33. Richard Morefield: ob. cit., p. 8.

34. Ibídem, p. 10.

35. Henry George: *Our land and land policy, national and state*, New York, 1911, p. 39.

36. Encontramos este término tal como se usaba en otra época por los autores citados para definir el gentilicio de californiano. (*N. del E.*). Las notas calzadas con la abreviatura N. del E. corresponden a la presente edición de Ocean Sur.

37. Leonard Pitt: ob. cit., p. 103.

38. Rodolfo Acuña: *Occupied America*, Canfield Press, San Francisco, 1972, p. 105.

39. M. Escalante, Cónsul mexicano en Tucson, Archivo General de la SRE, Exp. II-2-106, 1878.

40. Carey McWilliams: *Factories in the field*, Archon Books, Hamden, 1969, p. 23.

41. Citado por Carey McWilliams: ob. cit., pp. 23-24.

42. J.W. Moore: *Los mexicanos de los Estados Unidos y el movimiento chicano*, Fondo de Cultura Económica, México, 1972, p. 34.

43. C.S. Knowlton: «Land-grant problems among the state's Spanish-Americans», *New Mexico Business*, Vol. XX, June, 1967, pp. 1-13. Tomado de una copia personal del artículo, p. 9.

44. C.S. Knowlton: ob. cit., p. 30.

45. Ibídem, p. 17.

46. Antes de los acontecimientos de 1835-1836, Lamar comentaba de los numerosos encuentros entre angloamericanos y mexicanos, así como «lo horribles y sangrientas que eran las represalias de cada lado». (*Lamar papers records*, No. 2333, VI, p. 115). Más tarde, después de las batallas entre los sublevados «texanos» y el ejército mexicano y la proclamación de Independencia de la «República de Texas», hubo encuentros armados constantes entre las fuerzas mexicanas y las «texanas»: invasiones de los territorios controlados por ambos bandos, expediciones infructuosas con fines expansionistas como la organizada por las autoridades texanas en 1841 en contra de la provincia vecina de Nuevo México, así como numerosas incursiones punitivas de ambas partes. Además, Pablo Herrera destaca en su libro *Las Siete Guerras de Texas*, Ed. Academia literaria, México, 1959, p. 15, la «desesperada lucha en el mar entre la marina texana y la marina mexicana por el predominio del Golfo». Posteriormente, durante la guerra entre México y los Estados Unidos los «texanos» se distinguieron sobre todos los voluntarios y soldados estadounidenses por su conducta criminal para con la población mexicana, al grado de que Taylor solicitara se impidiera el envío de más texanos a su columna, alegando que estos «rara vez han hecho una expedición sin que mataran injustamente a un mexicano». (Citado por W.P. Webb: ob. cit., p. 113). Tal fue su reputación que el pueblo se refería a ellos como «los diablos texanos» o «los texanos sangrientos».

47. Joseph Eve: «Carta a Richard Southgate del 10 de mayo de 1842», *Southwestern Historical Quarterly*, Vol. XLIII, no. 4 (1940), p. 494.

48. Citado en Lloyd Lewis: *Captain Sam Grant*, Boston, 1950, pp. 164-165.

49. Significa en inglés grasero o grasiento y después se generalizó dentro de la población anglo para apodar a los hispanos. (*N. del E.*)

50. Citado en Paul S. Taylor: *An American-Mexican frontier*, Russel & Russell, New York, 1971, p. 37.

51. Ibídem, p. 59.

52. W.P. Webb: *The great plains*, Ginn and Company, Boston, 1931 p. 126.

53. Para un análisis de la actuación de los *Texas Rangers*, véase el magnífico libro del Dr. Américo Paredes: *With his pistol in his hand*, University of Texas Press. También, a pesar de la apología y el racismo inherente puede consultarse el libro ya citado, de W.P. Webb: *The Texas Rangers*.

54. Américo Paredes: ob. cit., p. 19.

55. S.E. Morison & H.S. Commager: *Growth of the American republic*, II, p. 578.

56. A su vez, aunque sin los sufrimientos y las terribles experiencias de los indios, negros y mexicanos, debemos considerar al propio pueblo estadounidense como otra de las «víctimas» de este proceso en el sentido de lo asentado por Carlos Marx: «El pueblo que oprime a otro pueblo está forjando sus propias cadenas». C. Marx: *Letters to Kugelmann*, Londres, 1935, p. 108.

57. Véase Samuel H. Lowerie: *Culture conflict in Texas*, Doctoral dissertation for Columbia University, 1932.

58. E. C. Barker: *México and Texas*, University of the Texas Press, Austin, 1934, p. 149. Para conocer la imagen de los angloamericanos sobre el mexicano a través de sus escritos véase Cecil Robinson: ob. cit.

59. Marvin Harris: *The rise of antropological theory*, Crowell Co., New York, 1968, p. 106.

60. Paul S. Taylor: ob. cit., p. 179.

61. Ibídem, pp. 182-183.

62. Ibídem, p. 184.

63. Luis G. Zorrilla: *Historia de las relaciones entre México y los Estados Unidos de América*, t. II, Ed. Porrúa, México, 1965, p. 496.

64. Elgin Williams: *The animating pursuit of speculation: land traffic in the annexation of Texas*, Columbia University Press, 1949, p. 28.

65. Ibídem, p. 23.

66. Elgin Williams: ob. cit., p. 26.

67. Véase Tom Lea: *The King Ranch*, Little, Brown and Co., Boston, 1957. Obra apologética pero con valiosa información sobre el sur de Texas.

68. Luis G. Zorrilla: ob. cit., pp. 248-249.

69. Ibídem, p. 248.

70. Esta complicidad —explica Zorrilla— era motivada «porque se trataba de un tráfico benéfico para la economía norteamericana cerrando los ojos a la manera en que el delito afectaba a su vecino». Luis G. Zorrilla: ob. cit., p. 259.

71. Ibídem, p. 249. En el *Informe de la Comisión Pesquisidora de la Frontera del norte al Ejecutivo de la Unión*, presentado en 1874 se afirma lo siguiente: «Incalculables las pérdidas de ganado vacuno cuando comenzó a poblarse

Texas después del año 1848, porque para surtir los ranchos, en su totalidad fue robado de México, e inmensas las ocasionadas con el robo de caballada que principió entonces y existe hasta la fecha, no se ha visto que las disposiciones de las autoridades texanas hayan procurado cortar ese cáncer [...]» (*Informe Final que en cumplimiento del decreto de 2 de Octubre de 1872 rinde al Ejecutivo de la Unión de la Comisión Pesquisidora de la frontera norte sobre el desempeño de sus trabajos*, Imprenta de Díaz de León y White, México, 1874, p. 147). Sobre el robo de ganado y la acción de las autoridades estadounidenses ver de la página 139 a la 150 de este *Informe...*, así como sus conclusiones.

72. Paul S. Taylor: ob. cit., p. 49.

73. Ibídem, p. 93.

Capítulo III

1. Sobre la criminal conducta de las tropas estadounidenses en su ocupación de México: asesinatos, robos, ejecuciones sumarias, violaciones, terrorismo contra la población civil, etc. Véase Abeel Abbot Livermore: *Revisión de la guerra entre México y los Estados Unidos*, México, 1948; José María Roa Bárcena: *Recuerdos de la invasión norteamericana*, [s.ed.], México, 1883; Manuel Payno, Guillermo Prieto, y otros: *Apuntes para la Historia de la guerra entre México y los Estados Unidos*, Edición facsimilar de la de 1848, Siglo XXI Editores, México, 1970; William Jay: *Causas y consecuencias de la guerra del 47*, Ed. Polis, S. A., México, 1948. Fuentes Díaz opina al respecto: «La ocupación del país por las fuerzas norteamericanas fue acompañada de las peores y más crueles atrocidades, cometidas contra una población indefensa, miserable y desmoralizada. Fue una ocupación que además de su excesivo rigor militar, se significó por un sinnúmero de medidas disolventes y extorsionadoras, totalmente alejadas de los objetivos aparentes de la guerra [...] las tropas norteamericanas se convirtieron, con sus vicios, miserias y crueldades, en un terrible factor de extorsión y de miseria, de terror y de venganza, de odio y de opresión». (Fuentes Díaz: *La intervención norteamericana en México*, Imprenta Nuevo Mundo, S. A., México, 1947, pp. 269 y 276). El general Lane, en el despacho oficial del 22 de octubre de 1847 da cuenta del ataque nocturno a la población de Atlixco, sitio de escaso valor militar: «Ordené que la artillería se colocara en una loma cercana al pueblo, dominándolo, y que abriera el fuego. *Entonces se presentó una de las más bellas escenas concebibles*. Cada cañón era manejado con la mayor rapidez posible, y el derrumbe de los muros y los techos de las casas al impacto de nuestras bombas y granadas se mezclaba con el estruendo de nuestra artillería. *La brillante luz de la luna nos permitía dirigir los disparos contra la parte más densamente poblada de aquel lugar*». Citado en Williams Jay: ob. cit., p. 170.

2. Carey McWilliams: *Al Norte de México*, ed. cit., p. 153.

3. F. Engels: *Anti Dühring*, Ed. Grijalbo, México, 1968, p. 152. Del mismo autor véase *El papel de la violencia en la historia*, Hadise, México, 1971.

4. Rosa Luxemburgo: ob. cit., p. 371.

5. Jacques Arnault: *Historia del colonialismo*, Ed. Política, La Habana, 1964, p. 31.

6. Véase los documentos del *Archivo de la Secretaría de Relaciones de la Ciudad de México (ASRE)*, t- 11-1110. Persecución de mexicanos en territorio estadounidense al finalizar la década de 1870. (2-1-1785) Vejaciones, abusos y muerte de mexicanos en territorio americano en la década de 1870. (2-12-2904) Maltrato a mexicanos en California en la década de 1850. (12-3-37) Persecución de mexicanos en Texas en la primera parte de la década de 1880. (18-27-34) Expulsión de mexicanos de territorio americano, década de 1890, etc.

7. Carey McWilliams: *Al norte de México*, ed. cit., pp. 150 y 153.

8. Ibídem, p. 148.

9. *El Monitor Republicano*, Los Ángeles, 9 de diciembre de 1879.

10. Informe del Cónsul mexicano en California *(ASRE)* 18-27-34.

11. Informe del Cónsul mexicano en Eagle Pass *(ASRE)* 12-3-37.

12. Artículo de G. Marvin en *Word's Work*, noviembre de 1912, citado por Carey McWilliams: *Al Norte de México*, ed. cit., p. 129.

13. Ibídem, p. 130.

14. *Mexican-Americans and the Administration of Justice in the Southwest*, Washington, 1970, p. III.

15. *Daily Texan*, Austin, Texas, 10 de octubre de 1974.

16. Jean Paul Sartre: Prólogo a la obra ya citada de Frantz Fanon, Fondo de Cultura Económica, México, 1953, p. 17.

17. Véase de la página 65 a la 67 de este estudio. También Gilberto López y Rivas: ob. cit., pp. 23 y 24.

18. Sobre la actuación del clero mexicano durante la guerra, ver el capítulo, «La Iglesia frente al invasor», de la obra ya citada de Fuente Díaz. El agente confidencial estadounidense, Moses Y. Beach, escribía en su informe del 4 de julio de 1847 al Departamento de Estado lo siguiente: «Los obispos principales estaban en tratos con el general Santa Anna, y no solamente los convencí en cuanto al peligro de auxiliarlo contra los Estados Unidos, sino que logré que hicieran regresar al mensajero que habían enviado a su campamento con ofertas liberales. En respaldo de mi representación, no vacilé en prometer que nuestro gobierno respetaría la libertad y las propiedades de la iglesia: y así encontré poca dificultad en persuadir a los influyentes obispos de Puebla, Guadalupe y Michoacán, a través de su representante,

204 La Guerra del 47 y la resistencia popular a la ocupación

el superior de la orden de San Vicente de Paula, a fin de que rehusaran toda ayuda, directa o indirecta, para la prosecución de la guerra. Estoy convencido de que cualquier contribución posterior de ellos o de la tesorería del Arzobispado de México, solo sería obtenida por la fuerza. Ellos también prometieron aleccionar a sus enemigos en el Congreso para que propugnaran la paz en el momento oportuno, y, mientras tanto, frustrarán las medidas del partido que *bona fide* favorece la guerra. Tengo todas las razones para creer que lo hicieron, con gran efectividad, en las reuniones secretas de Febrero y Marzo. Cuando el gobierno resolvió imponer nuevas contribuciones a la Iglesia, los incité a la resistencia organizada. Y en efecto, cuando el general Scott anunció su desembarco en Veracruz, ellos levantaron la bandera de la guerra civil en la capital, en Puebla y en cierto grado en Michoacán. Cinco mil hombres, todas las armas y municiones de guerra y demás medios del gobierno fueron distraídos durante veintitrés días, impidiéndoles, de hecho, asistir a Veracruz, reforzar Puebla y las fortalezas más cercanas a la Costa». Moses Y. Beach, Informe al Departamento de Estado fechado en Nueva York, el 4 de julio de 1847, citado por Manuel Medina Castro: *El gran despojo*, Ed. Diógenes, México, 1972, p. 77.

19. Manuel Payno, Guillermo Prieto, y otros: ob. cit., p. 192.

20. Ibídem, p. 70.

21. Ibídem, p. 123.

22. Véase A. Belenki: *La intervención extranjera en México*. 1861/1867, Fondo de Cultura Popular, México, 1966.

23. Sobre el estado de los ejércitos y consideraciones sobre la campaña, ver las notas al respecto de Francisco Castillo Nájera a la obra ya citada de Livermore, en donde se refutan algunas de las exageraciones de Scott, así como la equivocada idea de que el ejército invasor entabló combate con un enemigo siempre superior en número.

24. Manuel Payno, Guillermo Prieto, y otros: ob. cit., p. 63.

25. Ibídem, p. 104.

26. En cierta forma es explicable que se minimicen las acciones populares, ya que a la historiografía «oficial» de la burguesía mexicana le interesa o corresponde la visión de clase que tiene de los hechos históricos, el glorificar en mayor medida a los héroes de su ejército regular, que a la conducta heroica y siempre anónima del pueblo.

27. La población veracruzana volvería a ofrecer una heroica resistencia en la defensa del puerto a la invasión estadounidense de 1914. Para una vívida descripción del criminal bombardeo de Veracruz en 1847, ver el capítulo XXIX de la obra ya citada de Williams Jay. Este autor cita el relato hecho por uno de los habitantes del puerto sitiado: «El enemigo... escogió un modo bárbaro de asesinar a los ciudadanos inofensivos e indefensos: el

bombardeo de la ciudad en la forma más terrible. Arrojó sobre ella cuatro mil cien granadas y un gran número de bombas de tamaño más grande. Apuntaban sus tiros de preferencia a la casamata, al barrio de los hospitales de caridad, a los hospitales de sangre y a los sitios que el enemigo mismo había incendiado, donde era natural que las autoridades se reunieran para apagar el fuego; a las panaderías señaladas por sus chimeneas, y durante la noche llovían sobre la ciudad unas bombas cuya trayectoria estaba perfectamente calculada, de modo que hacían explosión al caer y se incendiaban y producían el mayor estrago posible. Sus primeras víctimas fueron mujeres y niños, y después familias enteras que perecieron por obra de las explosiones o bajo las ruinas de sus viviendas». Williams Jay: ob. cit., p. 186.

28. Manuel Payno, Guillermo Prieto, y otros: ob. cit., p. 388.

29. Samuel P. Chamberlain: *My confession*, Harper and Brothers, New York, 1956, p. 218.

30. Guillermo Vigil y Robles: *La invasión de México por los Estados Unidos en los años 1846–1847–1848*, México, 1923, p. 77. Roa Bárcena y los autores de los *Apuntes*... también mencionan la utilización por parte de Scott de estas bandas contraguerrilleras.

31. Antonio López de Santa Anna: *Defensa de la capital de la república atacada por el ejército de los Estados Unidos del Norte*, Ed. facsimilar de la de 1848, México, 1961, p. 32.

32. «Al yankee que quiso izar la bandera de Palacio, el día de la entrada de los americanos, le mataron de un balazo, pero por más esfuerzos que hizo la policía no pudo averiguar quién fue el matador. Pero espantan por su barbarie los tormentos que preparaban al asesino». Guillermo Prieto: *Memorias de mis tiempos*, Ed. Patria, México, 1948, t. II, p. 173.

33. Scott, citado en Nathan Covington Brooks: *A complete history of the Mexican war*, First edition, 1849, Río Grande Press, Chicago, 1965, p. 437.

34. José María Roa Bárcena: ob. cit., t. 3, p.141.

35. Citado por Guillermo Vigil y Robles: ob. cit., pp. 78-79.

36. Ídem.

37. Manuel Payno, Guillermo Prieto, y otros: ob. cit., p.328.

38. Beauregard: *The mexican war reminiscences of P.G.T. Beauregard*, Edited by H. Williams, Louisiana State University Press, 1956, p. 103. En francés en el original.

39. «En vista de que Scott no logró calmar al pueblo, ordenó que fuesen voladas las manzanas de cuyas casas se hacía fuego a los soldados; pero debido a que los depósitos de pólvora estaban en Chapultepec, no se llevó adelante tan bárbara medida». Guillermo Vigil y Robles: ob. cit., p. 76.

40. No obstante, la resistencia popular no cesó de manifestar su repulsa al invasor durante toda la ocupación estadounidense. José Fernando Ramírez, escritor, historiador y político que vivió los acontecimientos a los que nos hemos referido, escribe al respecto: «La guerra pública terminó desde el tercer día de la ocupación, mas no así la privada que presenta un carácter verdaderamente espantable. El ejército enemigo merma diariamente por el asesinato sin que sea posible descubrir a ninguno de sus ejecutores. El que sale por los barrios, o un poco fuera del centro, es hombre muerto, y me aseguran que se ha descubierto un pequeño cementerio en una pulquería, donde se prodigaba el fatal licor para aumentar y asegurar las víctimas. Siete cadáveres se encontraron en el interior del despacho, mas no al dueño. Me aseguran que se estima en 300 el número de los idos por ese camino [...]». José Fernando Ramírez: *México durante su guerra con los Estados Unidos*, Librería de la Vda. de Ch. Bouret, México, 1901, pp. 317-318.

41. «Lo que más cooperó a la nulificación de aquel movimiento, fueron los esfuerzos constantes del Ayuntamiento; esfuerzos reprobados entonces por los que sentían arder en su pecho el fuego sagrado del patriotismo». Manuel Payno, Guillermo Prieto, y otros: ob. cit., p. 332.

42. Ibídem, p. 328.

43. Esta singularidad de la resistencia de las provincias internas del norte, que aclararemos más adelante, así como el análisis de la misma a nivel nacional, es decir, como provincias mexicanas que eran, no han sido destacadas suficientemente por los estudios chicanos, por no mencionar a la mayoría de los historiadores estadounidenses, a los que les ha interesado muy poco, ciertamente, el tratar de mostrar la «otra cara» de las aventuras imperiales emprendidas por los Estados Unidos. En el caso de los primeros, nos parece que existe la tendencia a separar la historia del pueblo chicano del período histórico del México independiente anterior a 1848, presentando en ocasiones más atención al pasado remoto de las culturas prehispánicas para la comprensión del fenómeno del surgimiento del pueblo chicano, que a la importancia que tiene para este objetivo, el México independiente y la guerra entre México y los Estados Unidos.

44. Ver de la página 71 a la 72 de este estudio.

45. Williams Jay: ob. cit., p. 128.

46. Hubert. H. Bancroft: *History of California*, vol. V, 1846–1848, The History Co., San Francisco, 1866, p. 198.

47. Citado por Hubert H. Bancroft: ob. cit., p. 197.

48. Jefe del Ejército del Oeste de quien según el historiador Ralph Emerson Twitchell podía decirse que «había nacido soldado».

49. Stephen W. Kearny: «Discurso en Las Vegas, Nuevo México», citado por Ralph Emerson Twitchell: *The conquest of Santa Fe*, Tate Gallery Publication,

Truchas, Nuevo México, 1967, p. 18. Este discurso no es más que la versión de Kearny de las órdenes dadas a este general por el Secretario de Guerra el 3 de Junio de 1846. Véase George Cooke: *The conquest of New Mexico and California, a historical and personal narrative*, Putnams'sons, New York, 1878, pp. 35-36. Bancroft opina, respecto a esta proclama lo siguiente: «Esta fue la primera confesión del propósito real de la administración de hacer esta guerra por la adquisición de territorios, y no, como se había estado pretendiendo, por el propósito de proteger las fronteras de Texas, vindicar errores pasados y obtener indemnización por demandas justas». Hubert H. Bancroft: *History of Arizona and New Mexico*, 1530–1880, vol. 17, Bancroft's Works, San Francisco, 1889, pp. 426-427.

50. Citado por Hubert H. Bancroft: *History of California*, vol. V, ed. cit., p. 269.

51. El comodoro Thomas Jones, comandante de la Flota del Pacífico, imaginó, por razones circunstanciales, que la guerra entre México y los Estados Unidos había sido declarada. Siguiendo instrucciones dadas con anticipación para el caso, y sin comprobar la veracidad de sus conjeturas, este celoso militar desembarcó sus fuerzas en Monterrey el 19 de octubre de 1842, demandando la rendición del puerto, dictó una proclama que poco se diferencia de las utilizadas cuatro años más tarde. Alertado de su «error», levó anclas tres días después, dejando para la historia una prueba más del carácter de premeditación que tuvo la guerra contra México.

52. Hubert H. Bancroft: *History of California*, vol. V, ed. cit., pp. 84 y 85. Esta excelente descripción podría caracterizar perfectamente a los «revolucionarios» texanos.

53. Sobre las operaciones del Batallón de voluntarios a las órdenes de Frémont durante la Conquista de California, véase W. H. Ellison: «San Juan lo Cahuenga: the experiences of Fremont's Battalion», *Pacific Historical Review*, V. XXVII, no. 3, August, 1958, pp. 245-261.

54. Sloat Comodoro: «Discurso al desembarcar en Monterrey». Citado por Hubert H. Bancroft: *History of California*, vol. V, ed. cit., p. 231. Mencionamos la «toma de posesión» de California y Nuevo México por parte de los comandantes estadounidenses por el interés jurídico que posee esta violación del derecho internacional de la época. Estas proclamas de conquista definitiva del territorio fueron hechas públicas a solo unos meses de declarada la guerra y casi dos años antes de que se firmara el Tratado de Guadalupe Hidalgo. Ya desde entonces, los Estados Unidos determinaron unilateralmente los convenios territoriales que impondrían más tarde. Los militares se arrogan el papel de los diplomáticos y resuelven hacer efectivos convenios supuestamente a discusión de los representantes reconocidos jurídicamente por los países en pugna.

55. Véase Pío Pico: *Historical narrative*, The Arthur H. Clark Co., Glendale, 1973.

56. Pío Pico: «Proclama de despedida»; Hubert Bancroft: *History of California*, vol. V, ed. cit., p. 275.

57. Manuel Payno, Guillermo Prieto, y otros: ob. cit., p. 356.

58. Hubert H. Bancroft: «Pronunciamiento contra los americanos», *History of California*, vol. 1, ed. cit., p. 310.

59. Hubert H. Bancroft: *History of California*, vol. V, ed. cit., p. 311.

60. Ibídem, p. 84.

61. Véase la narración del mexicano que dirigió esta acción en José del Carmen Lugo: *Vida de un ranchero*, Bancroft Library, San Francisco, 1877.

62. Es curioso cómo los historiadores estadounidenses se refieren a Pío Pico y no a José María Flores, como el «último gobernador mexicano», no obstante que el nombramiento de Flores fue hecho según los preceptos de la ley del Departamento. Una de las razones para explicar esta «omisión» tal vez sea que el episodio de la resistencia del pueblo californiano no figura mayormente en la historiografía estadounidense. El propio Bancroft afirma a este respecto que «relatos hechos por escritores Americanos, como regla, apenas si mencionan la revuelta, reservando los detalles en tanto los reveses continuaron». Hubert H. Bancroft: *History of California*, vol. V, ed. cit., p. 311.

63. Manuel Payno, Guillermo Prieto, y otros: ob. cit., p. 361.

64. Lansing B. Bloom: ob. cit., pp. 125 y 355.

65. Ibídem, p. 363. Algunos de los mencionados por Don José Pablo Gallegos como partidarios de la resistencia, participarían en la conspiración de diciembre de 1846 contra los estadounidenses, denunciada a las autoridades de ocupación por Donaciano Vigil, secretario de Gobierno que hace causa común con los invasores al grado de llegar a la delación de sus propios compatriotas.

66. Hubert H. Bancroft: *History of Arizona and New Mexico*, vol. XVII, The History Co., San Francisco, 1889; Ralph Emerson Twitchell: *The leading facts of New Mexican History*, The Torch Press, Iowa, 1912. Del mismo autor: *The military occupation of New Mexico, 1846–1851*, The Smith-Broovs Co., Denver, 1909; Thomas Benton: *Thirty years' view*.

67. Lansing B. Bloom: ob. cit., p. 359.

68. *The fabulous frontier, twelve New Mexico items*, The Rydal Press, Santa Fe.

69. *The American occupation of New Mexico*, University of New México Press, Alburquerque, 1939.

70. Leslie A. White: *The science of culture*, Farrar, Straits and Giroux, 1971, p. 237.

71. A este respecto, consideramos que la interpretación que destaca la «conquista sin sangre de Nuevo México» es tendenciosa y limitada, por las

siguientes razones: a) no observa la pasividad inicial de la población de la provincia ante el ejército estadounidense en el contexto socioeconómico, no considera la perspectiva clasista del fenómeno; b) fundamenta su argumentación en la primera fase de la conquista del territorio: la ocupación militar; c) no toma en cuenta la insurrección que tiene lugar a principios de 1847 —en la que pierden la vida cientos de mexicanos— ni tampoco considera las manifestaciones de resistencia posteriores a la guerra.

72. George Cooke: *The conquest of New Mexico and California*, ed. cit., p. 37.

73. Ralph Emerson Twitchell: *The conquest of Santa Fe*, ed. cit., p. 32.

74. Ralph Emerson Twitchell: *The military occupation of New Mexico*, ed. cit., p. 216.

75. Ibídem, p. 216.

76. Ibídem, vol. II, pp. 216-217.

77. G.F. Ruxton: *Wild life in the Rocky Mountains*, Harper and Brothers, 1848, p. 75.

78. E. Bennett Burton: «The Thaos rebelion», *Old Santa Fe*, vol. I, no. 2, October, 1913, Santa Fe, p. 175.

79. Hubert H. Bancroft: *The history of Arizona and New Mexico*, ed. cit., p. 431.

80. Ibídem, vol. XVII, p. 430.

81. Un participante en la campaña escribió al respecto: «El 1º de Febrero, la muerte de Hendley, así como la de Waldo, Noyes [...] y otros, fue vengada por el capitán Morin y sus hombres, con la completa demolición de la villa de Mora». J.T. Hughes: *Doniphan's expedition*, J.A. & U.P. James, 1848, The Río Grande Press, Chicago, 1962, p. 397. Bancroft menciona la destrucción de los granos. Hubert H. Bancroft: *History of Arizona and New Mexico*, ed. cit., vol. XVII, p. 435.

82. S. Price: «Informe al Secretario de Guerra» publicado por E. Bennett Burton: ob. cit., pp. 187-188.

83. Carey McWilliams: *Al norte de México*, ed. cit., p. 137.

84. S. Price. «Informe al Secretario de Guerra», en E. Bennett. Burton: ob. cit., p. 195.

85. L.H. Garrard: *Wah-to-yah or the Taos Trail*. Citado por Ralph Emerson Twitchell: *Leading facts...*, ed. cit., p. 261.

86. Pedro Castillo y Alberto Camarillo: «Introducción», en *Furia y muerte: los bandidos chicanos*, Aztlan Publications, Los Ángeles, 1973.

87. Eric J. Hobsbawn: *Rebeldes primitivos*, Ed. Ariel, Barcelona, 1968.

88. Eric J. Hobsbawn: *Les Bandits*, F. Maspero, París, 1972.

89. Eric J. Hobsbawn: *Rebeldes...*, ed. cit., p. 27.

90. Ibídem, p. 40.

91. Eric J. Hobsbawn: *Les Bandits,* ed. cit., p. 27.
92. Eric J. Hobsbawn: *Rebeldes...,* ed. cit., p. 41.
93. Ibídem, p. 44.
94. El libro *Vida y aventuras de Joaquín Murieta, el célebre bandido de California,* fue publicado por primera vez en San Francisco en 1854, escrito por un indio Cherokee llamado Yellow Bird. Como miembro de un grupo indígena, se tiende a creer que su infancia y adolescencia —marcada por la persecución, y la violencia de los blancos contra su tribu— influyeron en la tónica de venganza que tendría más tarde su personaje literario. Al llegar a California en 1850, cuando las persecuciones de mexicanos eran cotidianas, no le fue difícil identificarse con un pueblo que como el suyo, sufría de la opresión y de la violencia del anglo. Durante estos años el bandolerismo social se torna epidémico, registrándose innumerables robos de ganado y caballada, asaltos a tiendas y a viajeros, formándose bandas relativamente numerosas que preocupan enormemente a las autoridades. Poco se conocía de los dirigentes de estos grupos armados, excepto que los más notables de ellos parecen haber tenido por nombre el de «Joaquín». Pronto, la imaginación popular y los periódicos empiezan a referirse a Joaquín como si fuese un solo individuo. En 1853, se propone en la legislatura del Estado de California ofrecer cinco mil dólares por Joaquín, vivo o muerto. Al protestar uno de los miembros de origen mexicano por la cacería de californianos que esta medida provocaría, se resolvió en cambio la formación de una compañía de *Rangers,* ofreciendo el gobernador una recompensa de mil dólares por cualquier Joaquín, preso o muerto. Durante dos meses los *Rangers* californianos —que no se distinguieron mucho de sus colegas texanos en su actitud— buscan la banda de Joaquín, sin resultados, hasta que el destacamento se acerca a un grupo reunido alrededor de un fuego, entablándose un combate en el que el líder del grupo mexicano, de nombre Joaquín Valenzuela, es asesinado y decapitado, llevando los *Ranges* su cabeza, como testimonio «evidente» de la «hazaña» de haber librado a California del célebre delincuente Joaquín Murieta. Estos son los elementos reales con los que Yellow Bird escribió su novela, apareciendo versiones apócrifas de la misma en España, en Francia, en Chile y en México, reclamando el chileno Robert Hyenne a Murieta como su compatriota. Véase la introducción de Joseph H. Jackson a la edición de la novela de Yellow Bird: *The life and adventures of Joaquín Murieta,* University of Oklahoma Press, Normon, 1969, pp. XI-L. La versión chilena de Joaquín Murieta se encuentra publicada en el suplemento de *Excélsior,* año 1, no. 1, agosto, Santiago, 1936. La versión mexicana lleva por título: *Vida y aventuras del más célebre bandido sonorense Joaquín Murieta. Sus grandes proezas en California,* Ed. Irineo Paz, México, 1908. Originalmente la versión chilena fue publicada por Robert Hynne en francés, antes de que Murieta fuese nacionalizado chileno, con el título de *Un bandit californien, Joaquin Murieta.*

95. Anne B. Fisher: *The Salinas. Upside-down river*, Farrar and Rinehart, New York, 1945, pp. 178-179.

96. Sobre Tiburcio Vázquez, véase Eugene T. Sawyer: *The life and career of Tiburcio Vásquez*, Biobooks, Oakland, 1944; Robert Greenwood: *The California outlaw, Tiburcio Vázquez*, Talisman Press, Los Gatos, 1960; Ernest May: «Tiburcio Vásquez», en *Historical Society of Southern California Quarterly*, XXXII, Sep., 1950, pp. 185-236; J. H. Jackson: *Bad company*, Harcourt, Brace and Co., New York, 1949.

97. Robert Greenwood: ob. cit., p. 13.

98. Benjamín Truman: «Occidental Sketches», *S. Francisco News*, 1881, pp. 193-194.

99. Hubert H. Bancroft: *History of California*, vol. VII, The History Co. S. F., 1890, p. 198.

100. J.M. Guinn, citado por Carey McWilliams: *Al norte de México*, ed. cit., p. 151.

101. Eric J. Hobsbawn: *Rebeldes…*, ed. cit., p. 28.

102. Hubert H. Bancroft: *History of California*, vol. VII, ed. cit., pp. 197-205.

103. Ibídem, p. 204.

104. Eric J. Hobsbawn: *Rebeldes…*, ed. cit., p. 44.

105. Carey McWilliams: *Al norte de México*, ed. cit., p. 140.

106. Paul S. Taylor: ob. cit., p. 49.

107. Véase Luis G. Zorrilla: *Historia de las relaciones entre México y Estados Unidos de América*, ed. cit.; Gaston García Cantú: *Las invasiones norteamericanas en México*, Ed. ERA, México, 1971. *La comisión pesquisadora de la frontera Norte sobre el desempeño de sus trabajos*, ed. cit., Report on the United States and Mexican boundary survey, House Ex. Doc. no. 135, 34 Cong., 1 Sess. (Ser. 861). I.

108. Pedro Castillo y Alberto Camarillo: ob. cit.

109. Ibídem, p. 55

110. Ibídem, p. 65.

111. Ibídem, p. 55.

112. Ídem.

113. Eric J. Hobsbawn: *Rebeldes…*, ed. cit., pp. 30-31.

114. Rodolfo Acuña: *Occupied America*, ed. cit., p. 46.

115. Pedro Castillo y Alberto Camarillo: ob. cit., p. 87.

116. Charles W. Goldfinch: *Juan N. Cortina, 1824–1892: a reappraisal*, Thesis, University of Chicago, 1950; Juan T. Canales: *Juan N. Cortina presents his motion for a new trail*, Artes Gráficas, San Antonio, 1951. El general

Cortina, como todo rebelde que se levanta contra un sistema de explotación, ha provocado por parte de los historiadores estadounidenses las interpretaciones más oprobiosas acerca de sus acciones y sus móviles, su personalidad, y aun acerca de su apariencia física. Para la mayoría de estos autores, no pasa de ser un bandido, un criminal, un cuatrero, un traidor, cuando no todas estas cosas juntas. Aun Carey McWilliams, que reconoció el apoyo popular con el que siempre contó, y que expone el contexto general en el que la rebelión ocurre, lo califica como «el bandido rojo del río Grande» (en un trabajo pionero como el de McWilliams, contando muchas veces con fuentes prejuiciadas, es bastante lógico caer en errores que no disminuyen la obra en su conjunto). En contra de toda una tradición anticortinista, Charles W. Goldfinch, trabajando con fuentes primarias de *ambos lados* de la frontera, e interrogando a familiares de Cortina y de sus contemporáneos, logra rescatar la figura de este patriota de la maraña de falsedades sobre él escritas. Juan T. Canales, descendiente, ofrece en su trabajo otras facetas de su personalidad de Cortina. Véase Lyman W. Woodman: *Cortina, the rogue of the Río Grande*, Naylor Co., San Antonio, 1950; Frank J. Dobie: *A vaquero of the brush country*, Southwest Press, Dallas, 1929.

117. Charles W. Goldfinch: ob. cit., p. 40.

118. José T. Canales: ob. cit., pp. 6-7.

119. *Difficulties on the Southwestern frontier*, 36th Congress, House Executive Documents, vol. VIII, 1859–1860, S., no. 1050, Washington, 1860, p. 21.

120. Charles W. Goldfinch: ob. cit., pp. 42-50.

121. Ibídem, p. 44.

122. *Difficulties on the Southwestern Frontier*, ed. cit., p. 70.

123. Ibídem, pp. 70-72.

124. Ídem.

125. Ídem.

126. Ídem.

127. Ibídem, p. 72.

128. Ibídem, pp. 64-68.

129. Ibídem, p. 93.

130. Ibídem, p. 42.

131. Ibídem, p. 68.

132. Charles W. Goldfinch: ob. cit., p. 48.

133. *Difficulties on the Southwestern Frontiers*, ed. cit., p. 79.

134. Ibídem, p. 81.

135. Ibídem, p. 93.

136. Un ejemplo de resistencia popular originada por la imposición de la propiedad privada de recursos naturales, considerados por los mexicanos como propiedad comunal, es la llamada «guerra de la sal», que tiene lugar en El Paso, Texas, en 1877. Durante este conflicto, se levantaron en masa para impedir la posesión y la comercialización de unos depósitos de sal situados cerca de El Paso, ajusticiando un grupo de rebeldes al anglo que había tomado posesión de las salinas. Esto dio pretexto para realizar las acostumbradas expediciones de represalia contra la población mexicana de ambos lados de la frontera, quien a pesar de todo, fue obligada a someterse, pasando la sal a ser una mercancía más de la economía de mercado. Otra lucha desesperada contra la expansión capitalista es el caso de los conflictos que se presentan en Nuevo México, hacia finales de la década de los ochentas, con la introducción del ferrocarril, el robo de tierras, la imposición de la alambrada de púas, y el establecimiento de grandes ranchos ganaderos, factores que afectaron directamente a las actividades agrícolas y de pastoreo de los mexicanos, formándose organizaciones secretas, como las Gorras Blancas, que utilizaron el sabotaje contra vías de ferrocarril y propiedades de estadounidenses.

Otros títulos de Ocean Sur

BOLIVIA EN LOS TIEMPOS DE EVO
Claves para entender el proceso boliviano
Hugo Moldiz
Este libro nos conduce a través del complejo proceso político boliviano: la crisis del Estado, el despertar protagónico e irreversible de los excluidos, la construcción de su propio «instrumento político» en respuesta a la caducidad del sistema de partidos, y la lucha entre un bloque nacional-indígena-popular y un bloque imperial-burgués-colonial.
192 páginas | ISBN 978-1-921438-45-5

INTRODUCCIÓN AL PENSAMIENTO SOCIALISTA
El socialismo como ética revolucionaria y teoría de la rebelión
Néstor Kohan
El actual movimiento de resistencia global pone de manifiesto la necesidad de comprender y debatir la teoría socialista. Este libro ofrece una síntesis de la historia del pensamiento socialista mundial, desde una perspectiva latinoamericana. Incluye textos clave de la obra de Carlos Marx, Che Guevara, Fidel Castro, Rosa Luxemburgo, José Carlos Mariátegui, Julio Antonio Mella, Flora Tristán, entre otros.
263 pages | ISBN 978-1-921235-52-8

SOCIALISMO
Colección Pensamiento Socialista
Fernando Martínez
¿Qué es el socialismo? El historiador, ensayista e investigador cubano Fernando Martínez Heredia no solo nos acerca en este libro a un concepto, sino que traza un formidable ejercicio de análisis histórico desde el cual entender su nacimiento y su relación con las revoluciones anticapitalistas de liberación en el siglo XX. Asimismo, se detiene en el concepto de transición socialista y enfoca las necesidades y problemas actuales de la creación del socialismo.
32 páginas, ISBN 978-1-921438-12-7

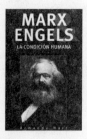

MARX, ENGELS Y LA CONDICIÓN HUMANA
Una visión desde Latinoaméricao
Armando Hart
Los textos que integran la presente recopilación, revelan la necesidad de una nueva manera de abordar los problemas fundamentales de la teoría y la práctica del socialismo. Una mirada a Marx y Engels a partir de la tradición revolucionaria cubana, tras los difíciles momentos del derrumbe del campo socialista en Europa Oriental y la Unión Soviética, hasta la actualidad.
250 pages | ISBN 978-1-2-920888-20-6

Otros títulos de Ocean Sur

LAS GUERRILLAS CONTEMPORÁNEAS EN AMÉRICA LATINA
Alberto Prieto
Las guerrillas latinoamericanas son portadoras de una larga tradición. Desde la conquista hasta nuestros días, ha sido una de las formas de lucha más recurrida en el continente americano. El autor nos introduce a los movimientos guerrilleros contemporáneos, desde la epopeya de Sandino hasta la actualidad.
280 páginas, ISBN 978-1-921235-54-2

CON SUEÑOS SE ESCRIBE LA VIDA
Autobiografía de un revolucionario salvadoreño
Salvador Sánchez Cerén (Leonel González)
Recoge la ejemplar trayectoria de Salvador Sánchez Cerén, «Comandante Leonel González», quien, a través de la memoria, describe sus pasos por las luchas sociales y la guerrilla salvadoreña, guiado por ideales revolucionarios. Su vida es una gran fotografía llena de detalles que muestra a lectoras y lectores cómo la razón y la pasión, cuando caminan unidas, pueden hacer de las personas conductoras de pueblos, líderes para una mejor humanidad.
346 páginas, ISBN 978-1-921438-16-5

UN SIGLO DE TERROR EN AMÉRICA LATINA
Crónica de crímenes de Estados Unidos contra la humanidad
Luis Suárez
Una visión panorámica de la historia de las intervenciones y crímenes de guerra de los Estados Unidos en América Latina. Este libro documenta la confrontación de América Latina ante el modelo de dominación imperialista de Estados Unidos, a través de sus guerras sucias e intervenciones directas durante los últimos 100 años.
590 páginas, ISBN 978-1-920888-49-7

EL NAZISMO
La otra cara del capitalismo
Patricia Agosto
Una breve historia del ascenso y caída del nazismo, el mayor régimen criminal y genocida que haya conocido la humanidad. Ofrece una mirada en profundidad más allá de Hitler, en un análisis de las causas que llevaron a su consolidación. Describe los grupos que se enriquecieron con el régimen, y también las fuerzas sociales que resistieron.
192 páginas, ISBN 978-1-921235-94-8

Otros títulos de Ocean Sur

FIDEL CASTRO
Antología mínima

La voz de uno de los más grandes políticos y oradores de nuestros tiempos, Fidel Castro, reunida en esta antología que compila sus más representativos discursos, desde los años cincuenta hasta la actualidad. Esta edición nos muestra a Fidel Castro en sus propias palabras, desde su alegato de defensa «La historia me absolverá», hasta su Carta al pueblo cubano de febrero de 2008.

560 páginas + 26 páginas de fotos, ISBN 978-1-921438-01-1

EL DIÁLOGO DE CIVILIZACIONES
Colección Fidel Castro
Fidel Castro

Dos notables discursos pronunciados por Fidel Castro en Río de Janeiro, 1992, y en La Habana, 2005. En ellos el líder cubano alerta a la comunidad internacional del deterioro medioambiental, del peligro de extinción de la especie humana, y exhorta a la búsqueda de respuestas comunes para enfrentar los retos del mundo contemporáneo

87 páginas, ISBN 978-1-921438-14-1

AMÉRICA LATINA ENTRE SIGLOS
Dominación, crisis, lucha social y alternativas políticas de la izquierda
Roberto Regalado

Analiza el contexto político y social Latinoamericano, con énfasis en su conflictiva relación con los Estados Unidos. El autor hace un análisis teórico e histórico de la polémica respecto a la reforma o la revolución en el continente, y analiza diferentes experiencias políticas durante los últimos cincuenta años de historia, con atención particular a las alternativas que la izquierda ha construido.

278 páginas, ISBN 978-1-921235-00-9

CON SANGRE EN LAS VENAS
Apuntes polémicos sobre la revolución, los sueños, las pasiones y el marxismo desde América Latina
Néstor Kohan

Selección de ensayos y entrevistas sobre temas económicos, culturales, políticos y sociales que invitan a la reflexión respecto al presente y futuro del pensamiento político en América Latina. Rescata la tradición y las ideas de grandes revolucionarios latinoamericanos, en un ejercicio de memoria histórica indispensable para enfrentar los retos por venir.

320 páginas, ISBN 978-1-921235-76-4

Otros títulos de Ocean Sur

AMÉRICA, MI HERMANO, MI SANGRE
Un canto latinoamericano de dolor y resistencia
Pablo Neruda y Oswaldo Guayasamín
Se publica por primera vez en conjunto la obra de dos de los artistas más importantes de América Latina, el poeta Pablo Neruda y el pintor Oswaldo Guayasamín. Ofrece extractos de la obra magistral de Neruda, *Canto General*, junto con pinturas claves de la obra de Guayasamín. Da vida a las batallas, derrotas, victorias y héroes de la historia de resistencia de América Latina.
120 páginas a color, 96 pinturas, ISBN 978-1-920888-73-2

OTRA VEZ
Diario del segundo viaje por Latinoamérica
Ernesto Che Guevara
Graduado ya de medicina, Ernesto Guevara emprende un segundo viaje por Latinoamérica, que cambió su vida para siempre. Texto sugerente y lleno de claves que nos permiten entender la vida y obra del Che, al mostrarnos la búsqueda de un camino que lo conduce a la revolución, donde se perfila ese gran amor por la humanidad y una estatura moral de inmensas dimensiones.
200páginas + 32 páginas de fotos, ISBN 978-1-920888-78-7

CHE GUEVARA PRESENTE
Una antología mínima
Ernesto Che Guevara
Una antología de escritos y discursos que recorre la vida y obra de una de las más importantes personalidades contemporáneas: Ernesto Che Guevara. Nos muestra al Che por el Che, recoge trabajos cumbres de su pensamiento y obra, y permite al lector acercarse a un Che culto e incisivo, irónico y apasionado, terrenal y teórico revolucionario.
452 páginas, ISBN 978-1-876175-93-1

PASAJES DE LA GUERRA REVOLUCIONARIA: CONGO
Ernesto Che Guevara, prólogo de Aleida Guevara
La participación del Che en la guerrilla congolesa en 1965 resulta expresión de una práctica internacionalista consecuente con sus tesis tercermundistas. En este escrito, que manifiesta una profunda madurez del autor, se entrelaza la descripción de esta experiencia local con un interesante análisis de perspectiva mundial.
304 páginas + 36 páginas de fotos, ISBN 978-1-920888-79-4

ocean sur
una nueva editorial latinoamericana

Ocean Sur, hermana de Ocean Press, es una nueva casa editorial latinoamericana que ofrece a sus lectores las voces del pensamiento revolucionario de América Latina de todos los tiempos: Bolívar, Martí, Che Guevara, Fidel Castro, Haydee Santamaría, Roque Dalton, Hugo Chávez, Evo Morales y otros. Inspirada en la diversidad étnica, cultural y de género, las luchas por la soberanía nacional y el espíritu antimperialista, Ocean Sur desarrolla múltiples líneas editoriales que divulgan las reivindicaciones y los proyectos de transformación social de los protagonistas del renacer de Nuestra América.

Publicamos relevantes contribuciones sobre teoría política y filosófica de la izquierda, la historia de nuestros pueblos, la trayectoria de los movimientos sociales y la coyuntura política internacional. Nuestras colecciones, entre ellas, Proyecto Editorial Che Guevara, Fidel Castro, Roque Dalton, Biblioteca Marxista, Proyecto Contexto Latinoamericano, Vidas Rebeldes, Historias desde Abajo, La otra historia de América Latina y Pensamiento Socialista, promueven el debate de ideas como paradigma emancipador de la humanidad. Ocean Sur es un lugar de encuentros.

www.oceansur.com ■ info@oceansur.com